飞向太空丛书

航模

科技航模
的今天与明天

本丛书编委会◎编
于 始 李吉欣 姜玉龙◎编著

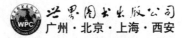

世界图书出版公司
广州·北京·上海·西安

图书在版编目（CIP）数据

航模也精彩：科技航模的今天与明天/《飞向太空丛书》
编委会编．—广州：广东世界图书出版公司，2009.4（2024.2 重印）
（飞向太空丛书）
ISBN 978－7－5100－0584－8

Ⅰ．航… Ⅱ．飞… Ⅲ．航空模型运动－青少年读物
Ⅳ．G875.3－49

中国版本图书馆 CIP 数据核字（2009）第 056508 号

书　　名	航模也精彩：科技航模的今天与明天
	HANGMO YE JINGCAI KEJI HANGMO DE JINTIAN YU MINGTIAN
编　　者	《飞向太空丛书》编委会
责任编辑	杨　婷
装帧设计	三棵树设计工作组
出版发行	世界图书出版有限公司　世界图书出版广东有限公司
地　　址	广州市海珠区新港西路大江冲 25 号
邮　　编	510300
电　　话	020-84452179
网　　址	http://www.gdst.com.cn
邮　　箱	wpc_gdst@163.com
经　　销	新华书店
印　　刷	唐山富达印务有限公司
开　　本	787mm×1092mm　1/16
印　　张	13
字　　数	160 千字
版　　次	2009 年 4 月第 1 版　2024 年 2 月第 7 次印刷
国际书号	ISBN　978-7-5100-0584-8
定　　价	49.80 元

光辉书房新知文库
"飞向太空"丛书编委会

主　编：

宏　峰　中国航天员中心副主任、载人航天工程航天员系统副总指挥

麻永平　中国航天北京飞行控制中心副主任、载人航天工程测控通讯
　　　　系统副总指挥

副主编：

臧克茂　中国工程院院士、教授

梁永生　解放军装甲兵工程学院院长、教授

编　委：

李春生　中国航天北京跟踪与通信技术研究所副所长

术雷鸣　中国航天北京跟踪与通信技术研究所高级工程师

冉隆燧　中国载人航天办公室研究员

姚　磊　中国空气动力研究与发展中心超高速动力研究所高级工程师

孟庆明　北京航空航天大学教授、博士生导师

刘德刚　解放军装甲兵工程学院科研部部长

马晓军　解放军装甲兵工程学院科技委主任、教授、博士生导师

胡文东　第四军医大学航天医学教授、博士生导师

刘亚春　四川省北川县北川中学校长、高级教师

执行编委：

于　始　资深编辑

"光辉书房新知文库"

总策划/总主编:石　恢

副总主编:王利群　方　圆

本书作者

　于　始　资深编辑

　李吉欣　解放军海军某高校教授

　姜玉龙　中国航模运动协会秘书长

插上科学的翅膀，明天太空见

南和韦

　　一直以来，人类就梦想着更加自由地飞翔，也渴望着更加近距离地去探索太空的秘密。随着我国"神舟"系列飞船的陆续升空，以及新一轮登月竞赛在各国间的迅速展开，全球的目光再一次被吸引到辽阔的天空以及更加浩瀚的星际空间。那些关于飞翔的梦想也更深入地植根于青少年朋友的心灵之中。

　　航空航天集中体现了一个国家的科学技术、工业、经济、国防等综合实力的水平，航空航天文化渗透于经济、文化、教育旅游、娱乐和体育等各个领域。而航空航天科普更是科普教育的一个重要组成部分，广大公众特别是青少年朋友对航空航天科技知识的了解，将直接影响到航空航天事业未来的发展。早在1998年召开的全国首届航空航天科普教育研讨会上，就有学者指出："要发展我们的航空航天事业，也需要从娃娃抓起。"对广大青少年进行航空航天科普教育，是我国经济发展和现代国防建设的客观需要。

　　当站立在月球之上的美国宇航员阿姆斯特朗说："我现在迈出的是一小步，但在人类历史上却是一大步！"时，我们都知道，即使那"一小步"中，也包含了无数的知识积累、无数的理论探索、无数的发明创造、无数的试验模拟，以及无数的失败。那之中凝结了多少代人的梦想与激动，也就凝结了多少代人的智慧与汗水。在我们的国家航天员训练中心，训练时航天员因为要承受非常大的加速度，面部都会变形，眼泪也会止不住地流下来，鼻子堵塞，十分痛苦。航天员若实在承受不了，只要按一下手边的报警器，工作人员就会把训练器械停下来，但多年来，从没有一个人按过那个报警器。这不过是航天员系统中航天员训练的一个小小细节。而整个载人航天工程是规模宏大的现代化系统工程，除了航天员系统外，还包括空间运用、载人飞船、运载火箭、发射场、测控通信、着陆场等6大系统，涉及航空、船舶、兵器、机械、电子等诸多领域，参与的人员更是数以万计。从1999年到2009年，每一年都是科学攻关年；从"神一"到"神七"，每一次发射都是新的突破。正是这么多人这么多年的精诚合作，才保证载人航天工程的顺利进行。正如俄罗斯科学家齐奥尔科夫斯基所说，"地球是人类的摇篮，但是人类不会永远生活在摇篮里。"这句话不仅鼓舞了一代又一代的航天工作者，还将激励着今天和以后的年轻朋友们。采取多种形式开展航空航天科普活动，寓教育于娱乐之中，不仅仅给予青少年朋友航空航天科普知识教育，而且还能发挥理想教育、爱国主义教育、智力启发教育和手脑并用教育的作用。今天，年轻朋友们除了怀有比先辈更多的好奇与梦想之外，还应该插上科学的翅膀，拥有更为广阔的视野和更为扎实的知识储备。如果你们在探索精神和勇敢精神方面同样不输于先辈，那么我真诚地欢迎你们，欢迎你们加入英雄的航天人团队，让我们相约——明天太空见！

目　录

第一章　小小航模魅力无限

一个小小的竹风筝乘风扶摇而高飞，一个小小的回旋镖眨眼飞去又飞回，一架小小的纸飞机轻轻起飞又飘落，一架小小的遥控飞机嗡嗡盘旋复盘旋。在这些异彩纷呈的小玩意儿上，寄托着我们的憧憬与兴奋，我们的得意与失落，我们的光荣与梦想，还有我们的成长与追忆。

1. 载人航天引发航模热

20 世纪 50 年代的"航模热"曾让无数青少年着迷，使他们产生了强烈的求知欲，也带给他们许多欢乐。进入新世纪以来，中国载人飞船"神舟五号"、"神舟六号"、"神舟七号"和探月卫星"嫦娥一号"的发射，以及关于研制大飞机项目沸沸扬扬的讨论，再一次引发了青少年对学习天文知识、了解航空航天技术的兴趣。航空航天书籍因此受到更多的关注，商店里航空模型的销量也越来越好。

商场内，为孩子购买望远镜、航模等商品的家长增多。模型专卖店里，时不时会有家长为孩子询问、购买航模，其中孩子们最喜欢的

— 1 —

航
空
模
型
的
今
天
与
明
天

是飞机模型、飞船模型和火箭模型。据报道，在"神五"发射期间，北京王府井书店共进了2003个"神舟五号"载人航天飞船模型，其中一款比例为1:40的模型，虽然每个售价高达1000多元，但上市第一天就卖了100多个；比例为1:80，售价500多元的模型几天时间内也卖了100多个；一款售价450多元的小型模型三天就卖得只剩下20多个。

神舟五号飞船模型

在同期举行的第十一届深圳国际玩具及礼品展览会上，众多玩具、模型生产厂商趁势推出的多款惟妙惟肖的"神五"模型出奇行销，其市场价已被商家由五六百元炒到千余元，买家多将"神五"模型作为高档礼品送客赠人。展出期间，各参展商获得的"神五"模型订单在众多玩具中创新高。

随后"神六"、"神七"以及探月卫星"嫦娥一号"的发射，同样刺激了潜力巨大的航模商机。而在这巨大的航模商机背后，则是人们无限的求知欲和青少年高涨的科技探索热情。2004年春节期间，中央电视台《东方儿童》

展馆里的神舟五号返回舱

栏目制作的"陆、海、空模型竞技赛"节目连续播放了十二天，小选手们精湛的操纵技艺深深吸引了无数观众。其中来自深圳石岩公学航模队的队员周志荣，玩航模居然还玩出国际发明奖。

据石岩公学航模队教练员莫春荣老师介绍，周志荣在训练时发现，模型飞机在刮风、干扰、超控的情况下很容易失控，为此丢了不少飞机。是否可以在飞机模型上加个摄像头，使丢失的模型飞机更容易寻找呢？他自己动手找来接收机和发射机进行试验。刚开始找的接收机只能接收 10 米左右的距离，远远达不到一般模型飞机飞行的距离，于是他又对接收机进行改进。虽然安装摄像头可以追踪飞机，可一旦遇到强风，飞机还是容易飞出追踪范围。

2008 年，航模冠军周志荣（左）在深圳参加圣火传递

在莫春荣和罗凡华老师的指导下，周志荣通过视频监控解决了这个难题，并由此研制成功了可摄像易追踪的遥控模型飞机。这项发明还获得第二届"广东省少年儿童发明奖"二等奖、第四届"宋庆龄少年儿童发明奖"和"第五届中国国际发明展览会"创造发明银奖。

可见，航模带给我们的不仅是商机和乐趣，还有进行发明创造的机会。

2. 回想童年的纸飞机

航模并不是高不可攀的神秘物件。简单来说，它还包括我们每个人记忆深处那童年的纸飞机。

对于大多数孩子来说，小时候最容易得到、玩得最多的玩具，就是纸飞机了。偷偷摸摸从作业本的背面撕下一张纸来，对折几下就是一只像模像样的小飞机。它比纸枪、纸船都好玩。纸枪叠得再好也不

纸飞机藏有青春烂漫的心事

像真的，纸船放在水坑里只能打转转。纸飞机最有意思，叠起来也容易，只要找一块硬实点儿的纸，折几下就成了。叠好之后向空中一抛，只是轻轻一抛，那纸片儿似乎立刻有了生命。也就是在那一抛的瞬间，少年的心也随即顺着手臂跳到了飞机上。

那飘飞盘旋的纸飞机，曾寄托了多少年少轻狂的梦想，又抒发了多少青春烂漫的心事啊！即便后来在无事可做的时候，就那么拿了一张纸在手中折着，无意之间，十有八九折成的也还是一架纸飞机。看着它，不禁又让人想起童年玩纸飞机的情景。

王子骑白马月亮不见啦

还有猫咪总是追着尾巴有多傻

小时候的记忆好无价

孩子们玩耍双脚全是沙

笑声让我想起童年暑假那个他

教我折飞机的他还好吗

纸飞机的折法藏在回忆陪我们长大

纸飞机快飞吧快乐方法并不复杂

不管未来怎样多变化保留着牵挂

属于我们的童话

纸飞机快飞吧快乐是永不忘的呀

纸飞机快飞吧抛开烦恼自有解答

不管未来怎样多变化保留着牵挂

属于我们的童话

——歌曲《纸飞机》

3. 航空模型的独特魅力

一架翼展 6 米的黄色飞机在空中摇摇晃晃，艰难地转了一个身，忽然机身失去控制，在做了几次徒劳的拉起努力之后，一头栽进跑道旁的草地里，机身机翼断成几截。

两架只有普通饭桌大小的飞机并排起飞，一架名叫"终结者"，另一架是"美国空军二号"。几乎在同一瞬间，两架飞机蹿上蓝天，都拖着一条 6 米长的纸质尾巴。两架飞机上下翻飞，忽然"终结者"一个漂亮的转身，将"美国空军二号"的尾巴齐根截断，空气中传来令人心惊胆战的"嘭"的一声。

"空战"中的航模

一架直升机试图用自己的起落架把一个篮子挑起来，一次、两次，它终于挑起篮子，同时被里面一个只有半斤重的玩具熊压得微微下坠，空气中，一团黑色的刺鼻烟雾弥漫开来。直升机把篮子轻轻放回到桌子上，然后向空中飞去。

它们不是真正的飞机，它们是航空模型。

我们中的绝大多数人一辈子可能都没机会开飞机，也没富有到能拥有私人飞机，而法规的限制让学习飞行难上加难，当然更重要的是，只要飞就有风险。

可是哪个年轻人没有飞行的梦想呢？手拿遥控器操纵模型飞机翱翔天际，即使无法真的从上空俯瞰世界，但其中乐趣一点也不比开飞机差。对许多遥控飞机迷来说，享受翱翔天际的感动和乐趣，是其他遥控模型所没有办

双桨电动遥控直升机

法比拟的。玩遥控飞机其实并不难，只要天气状况许可，找个合适的场地，就能当个飞行员，快乐地飞上天际。就像很多玩家所说："想圆小时候的飞行梦，开不到真飞机，玩遥控飞机一样过瘾！"航模不但轻易实现了人们飞上青天的梦想，对喜欢动手的人而言，卷起袖子改装一番更能满足技术狂人的机械瘾。

其实不止于此，玩航模还是一项投入不菲的昂贵爱好。最贵的喷气式飞机模型可达到30万元，这个数字能够买下一辆中级轿车，轿车能用10年，而模型机却有可能在3秒钟内摔个粉身碎骨。就连一架最简单的"小天鹅"也要几百块钱，入门练习机也在1000元左右，想玩得有意思一点，做个特技机三五千元尚属低档，直升机模型就要几万元了。

但就是这样一项昂贵的爱好，却也让无数人欲罢不能。在日本有上百万的航模爱好者，每个周末聚集在高速公路桥墩下飞航模。日本有一本全球发行的专业航模月刊，每期300多页，其中文章只有100多页，而模型厂商广告却足足占了200页，每张彩页广告费高达1万美元。美

航空模型的今天与明天

模型教练机的一种

国 AMA 航模协会有 16 万~20 万会员，会员一年交上 53 美元会费可以免费得到一年的杂志及一份模型保险，保额最高可以达到 200 万美元。美国有十几家航模杂志，家家经营状况良好；每个航模飞行教练每小时收入至少 60 美元。

在我国，航模爱好者的队伍也在不断扩大中。除了享受亲自操控模型飞机在空中自由飞翔、攀爬、悬停以及在即将坠机的一刻奋力拉起的奇妙感受之外，很多人已经不满足于国产模型的平庸，他们更愿意静静地坐下来自己动手改造，在动手和动脑中感觉航模带来的特殊魅力。玩航模也因此带给他们更多的乐趣和人生体验。

中央电视台《艺术人生》的主持人朱军也是航模发烧友。他依照着《航空模型》上刊登的步骤将一台电脑的光驱改造成了航模的无刷电机，飞行表现稳定。得过数届中国航模遥控特技飞行冠军的段志勇说，航模让自己交到了很多朋友。1999 年他与十几个航模爱好者在北京大兴飞，因为跑道上石子太多，

中国《航空模型》杂志
2009 年第 1 期书影

经常把飞机撞坏。于是，大家集资 8 万元，铺了一条 120 米长、20 米

宽的沥青跑道。每次飞行之后大家就在跑道上烧烤，拉开一张大布挂在小山底下，用自带的发电机和投影仪放电影，有时还开着车到河南、山东，与当地的爱好者一起飞。

可以这么说，凭着它独特的魅力，航模正在越来越多地出现在人们的视野之中，越来越深远地走进青少年的校园生活和心灵空间。

4. 玩航模不仅是课外活动

在教育部组织实施的全国中小学生课外文体活动工程"体育、艺术 2 + 1"① 项目中，体育项目共 16 项，航空模型是其中一项。而由教育部、国家体育总局组织，高等教育出版社出版的《航空模型》（中、小学版）教材，也于 2006 年 10 月正式发行。

"体育、艺术 2+1"《航空模型》教材

然而，玩航模不仅仅是课外活动，而且还是青少年航空国防教育的重要组成部分。美国是最早开展航空模型运动的国家之一。早在

———————

① "体育、艺术 2 + 1"：让每个学生在九年义务教育阶段能够掌握两项运动技能和一项艺术特长，为学生的全面发展奠定良好的基础。

1913 年，许多地方就建立了民间航模团体和举办航模比赛。1936 年成立全国性的组织美国航空模型学会（AMA）。AMA 虽然是纯粹的民间

美国 U-2 高空侦察机

团体，但其组织的航空模型活动却受到社会的重视和政府的支持。在美国，全国航空模型比赛是一件大事：空军提供设施和接待大会人员，高级将领把主持比赛大会视为很高的荣誉；甚至总统也要亲自祝贺。

1985 年全美第 59 届航空模型比赛大会，收到了美国总统里根的贺信，信中说："航空模型运动已经繁荣了 60 多年。你们从事的活动既富于乐趣，又有教育意义。爱好这项活动的人所能学到的东西，远不止如何放飞和维护他们的模型飞机。我完全相信，参加比赛的许多年轻人，今后将会成为飞行员、航空工程师或其他专业人员中的佼佼者。他们将使美国在航空科学和技术方面保持领先地位。"里根执政时期，美国政府还提出雏鹰计划，开

U-2 高空侦察机的设计者克劳伦斯·凯利·约翰逊

展百万青少年航空活动，每个孩子都要做一次航模，其目的就是要培养 21 世纪的航空人才。历史证明美国在这方面是成功的。如 U－2 飞机的设计者约翰逊，当年就是航模运动中的佼佼者，而且他在 13 岁时就曾出版了一本航空设计的书。

前苏联政府也曾大力提倡开展航空模型运动，提出过一个非常著名的口号——"从航模到滑翔，从滑翔到飞行"。甚至要求，每个学校都应该成立航空模型小组。正因为重视航空模型运动，前苏联才拥有了人类第一次飞向太空的宇航员加加林，设计出了世界上最优秀的

苏-27战斗机

战斗机——苏-27，还拥有在太空中运行时间最长的"和平号"空间站。后来的俄罗斯继承了前苏联倡导航空模型运动的这种传统。

我国同样重视对青少年的航空航天知识教育。早在1998年召开的全国首届航空航天科普教育研讨会上，就有学者指出："要发展我们的航空航天事业，也需要从娃娃抓起。"对广大青少年进行航空航天科普教育，是我国经济发展和现代国防建设的客观需要。

采取多种形式开展航空航天科普活动，寓教育

中国的歼-10战机

于娱乐之中，不仅给予青少年航空航天科普知识教育，而且还能发挥理想教育、爱国主义教育、智力启发教育和手脑并用教育的作用，使

航空模型的今天与明天

青少年从小热爱航空航天，长大成为中国航空航天事业的栋梁，或其他各行各业的骨干。校园航模活动的开展，无疑是上述多种形式中不可或缺、而且尤为重要的一种。

校园里的航模小组

此外，开展科技竞赛的航模活动还是推行素质教育的有效途径之一。在全面推进素质教育的今天，一名学生不仅要具备丰富的课本知识，更重要的是在此年龄段培养健全的人格、稳定的情绪以及解决困难、面对挫折的能力和勇气。而实际上，参加航模活动远远不止买一架模型飞机那么简单，从拼装、飞行、摔机到改装，一个孤独的航模爱好者可能会经历重重心理困境，在教练和同伴的指导、帮助和支持下，逐步突破知识观、技巧关、心理关，然后才可能成为一名航模高手。

近年来，在国家体育总局、教育部、中国科协、共青团中央和全国妇联五部委的倡导下，备受青少年欢迎的航空、航天、航海、无线电模型、四驱车模型等科技模型竞赛活动，正在全国很多地区红红火火地开展起来。航模活动形式多样，内容丰富多彩，对锻炼青少年动手动脑能力，培养创新精神和创新能力，促进全面素质的提高，有着十分积极的作用。

5. 航模里藏有大学问

　　航空是高科技集中的行业，航空技术是世界尖端技术的结晶。而即使是在一架简单的模型飞机里，也隐含航空技术的精髓。因此航模爱好者要想达到一定高度，就必须读很多书，要学习各种各样与之相关的知识，要有很好的数、理、化基础。

双翼遥控飞机

　　航空模型运动是直接促进文化科学学习、促进智力发展、促进科学用脑的体育运动。通过航空模型活动，青少年可以学到飞行原理、

美国航空先驱塞缪尔·兰利

航空模型设计原理、空气动力学、机械制图学、制造工艺学、电子工程学、低空气象学、运动心理学以及航空模型竞赛规则、航空发动机、材料与结构、无线电摇控等很多门科学技术知识，即便不是为未来从事航空工作的智力准备，也可以因此养成较好的科学素养和人文品质。

　　航空模型制作者在制作模型飞机

航
空
模
型
的
今
天
与
明
天

时，要左右手互相配合，而且还要经常研究空间关系，直觉活动很多，这样能够较好地开发"右脑"，促进智力的发展，以达到科学用脑的良好效果。所谓"儿童的聪明是在他们的十个手指头上"就是这个意思。

航空模型运动的一个显著特点是不仅要完成制作和放飞，而且要不断改进模型，不断提高飞行成绩。竞赛和创纪录始终贯穿于航空模型活动之中。这样就使参加者养成竞争意识和奋力向上的精神。同时，在这个过程中领悟到探索新问题的途径、方法和乐趣。许多航模爱好者都是技术革新的能手。美国航空先驱兰利至少设计制造了80多架模型飞机，他的成功主要来自这些模型的试验和研究。

遥控模型飞机的调整试飞

一架模型飞机制作得好，并不等于能飞得好，这是既有联系又有区别的两件事。制作得好只是完成了任务的一半，还要飞得又高又快、又远又久，才能算得上是一架好的模型飞机，才有可能夺得冠军。常常发生一种奇怪的现象：有的模型飞机看上去做得很漂亮，但就是飞不好；有的模型飞机看上去很陈旧了，而且还歪歪扭扭的，但它飞得很好，甚至拿了冠军。这是什么原因呢？这里的关键在于航模操作者是否善于进行调整试飞工作。

调整试飞是一个很复杂、很艰苦的事情，需要有一个摸索过程，要花费很大的精力，要消耗很大的体力和很多的时间，需要进行反复

地调整，进行反反复复地试飞和往返多次的奔跑，才能使模型飞机达到最佳飞行状态。所以说航空模型运动实质上是一门实验性的学问。

调整试飞工作要求操作者必须具体问题具体分析，动手又动脑，遵循"实践－理论－实践"的道路，才能正确认识模型飞机的规律，也才有可能取得胜利。这种手脑并用的做法，能使航模操作者

校园航模比赛

做到理论紧密联系实际，使所学的科学知识，既扎扎实实又生动活泼，且又充满了创造精神，会让参与者终身受益。

仰望蓝天，驾驶航模飞向蓝天、飞向梦想、飞向未来。在这片蓝天下有我们青春的缩影、青春的气息、青春的花絮。让我们以蓝天为背景，肩负未来和希望，用我们的青春书写蓝天下最丽、最动人的人生吧！

第二章　航模家族兄弟众多

航空模型，既是人类探索飞行原理的工具，也是人类实现飞行梦想的手段。人类关于飞行的奇思妙想有多么丰富，航空模型的家族就有多么庞大。大小航模各逞其能，天空的风景异彩纷呈。

1. 航模的分类

航模，既可以是航空模型的简称，也可以是航海模型的简称。但是通常情况下，人们说起航模，一般特指航空模型。对于航海模型更多的则是使用其全称，或者简称为"船模"。在没有特别说明的情况下，本书中提到的"航模"即指航空模型。

航海模型的一种——帆船模型

航空模型是各种航空器模型的总称。它既包括模型飞机，也包括其他模型飞行器，如纸飞机、竹蜻蜓、风筝、热气球、孔明灯、飞盘、飞去来器等。某种程度上，它还包

括航天模型。航天模型（有时特指模型火箭）是靠模型火箭发动机推进升空的一种航空模型；它装有能使之安全返回地面，以便再次飞行的回收装置，它由非金属部件构成。其中，模型火箭发动机是指一种固体推进剂火箭反作用式发动机。

精巧的航模直升机

作为竞技运动的一种，国际航空联合会在其制定的竞赛规则里明确规定：航空模型是一种重于空气的，有尺寸限制的，带有或不带有发动机的，不能载人的航空器。其技术要求是：航空模型的最大升力面积为 500 分米^2，最大飞行重量（含燃料在内）25 千克，最大的翼载荷 100 克/分米^2，活塞发动机最大工作容积 250 毫升。

> **模型飞机不同于飞机模型**
>
> 一般认为，那种不能飞行的，以某种飞机的实际尺寸按一定比例制作的模型叫飞机模型，属于静态模型。而能在空中飞行的模型才叫模型飞机，也叫航空模型。

现代航空模型分为自由飞行、线操纵、无线电遥控、像真和电动等五大类。按动力方式又分为：活塞发动机、喷气发动机、橡筋动力模型飞机和无动力的模型滑翔机等。竞赛科目有：留空时间、飞行速度、飞行距离、特技、"空战"等。世界航空模型锦标赛设有 30 个项目，隔年举行一次。航空模型还设有专门记录各项绝对成绩的纪录项目。目前国际航联共有 90 多项航空模型世界纪录。

第二章　航模家族兄弟众多

航空模型的今天与明天

出现在 4000 年前的飞机模型

尽人皆知，直到 1903 年地球人才制造了第一架飞机。可奇怪的是，考古学家却发现了 4000 年前的飞机模型。

1879 年，英籍考古学家韦斯在埃及东北部荒芜沙漠中的 Abydos 古庙（Abydos temple）遗址内的浮雕壁画中，发现一个奇怪现象，就是

埃及 Abydos 古庙浮雕壁画上的飞行器图案

看见与现今飞机形状极之相同的浮雕，以及一系列类似飞行物体。有一图案状似今日直升机，有图案状似潜艇或飞船，甚至还有"UFO"。此外，还有至少 3 至 4 个飞行物与今日的飞机形状极为相同，飞机在 19 世纪才开发，但在 3000 年前的古埃及的壁画中竟然出现了。

在世界历史中，不少远古民族在发展语言和文字之初，均以壁画记载历史。出现在庙宇中的浮雕，也应该是古埃及人用以记载某一件事或表达某一种意思的，但 3000 年前的人可以预言到今日的文明产物吗？在 3000 年前，即使是外星文明曾经降临过古埃及，当时的人亦未必有直升机和潜艇这些概念。并且，如果壁画内的"UFO"是外星人的，又为何要与现代文明的飞机画于同处？

1898 年，有人在埃及一座 4000 多年前的古墓里发现了一个与现代飞机极为相似的模型。这个模型是用当时古埃及盛产的小无花果树木制成的，重 31.5 克。因当时人们还没有飞机这个概念，便把它称为"木鸟模型"。这个模型现在放在开罗古物博物馆第 22 室，编号为"物种登记"第 6347 号。直到 1969 年，考古学家卡里尔·米沙博士获得特许进入这个博物馆的古代遗物仓库，发现了

埃及东北部 Abydos 古庙

许多飞鸟一样的模型。这些飞鸟模型有个共同特点，即都有鸟足，形状似半人半鸟的，而这些模型除了头有些像鸟外，其他部分都跟现在的单翼飞机差不多：有一对平展的翅膀，一个平卧的机体，尾部还有垂直的尾翼，下面还有脱落的水平尾翼的痕迹。

为了弄清这架飞机模型的本来面目，米沙博士便建议埃及文化部组成特别委员会进行专门调查研究。1971 年 12 月，由考古学家、航空史学家、空气动力学家和飞行员组成的委员会开始了对这架飞机模型的确认研究。经鉴定，许多专家认为，它具有与现代飞机一样的基本特点和性能：机身长 5.6 英寸①，两翼直而

———————

① 英寸：长度单位，1 英寸≈2.54 厘米。

平展，跨度为 7.2 英寸，嘴尖长 1.3 英寸，机尾像鱼翅一样垂直，尾翼上有类似于现代飞机尾部平衡器的装置。尾翼除外形符合空气动力学要求外，还有反上反角的特点，使机身有巨大的上升力。机内各部件的比例也很精确。只要稍加推动，还能飞行相当一段距离。所以，一些专家们断定，这绝不是古埃及工匠给国王制造的玩具，而是经过反复计算和实验的最后成品。后来在埃及其他一些地方，又陆续找到了 14 架这类飞机模型。

更令人奇怪的是，在南美洲的一些地方，也发现了一些与古埃及飞机模型极为相似的飞机模型。在南美的一个国家的地下约780 英尺①深的地方，挖出了一个用黄金铸造的古代飞机模型，跟现代的 B－52 型轰炸机十分相像。据科学家们分析，这架飞机的模型不但设计精巧，而且具有飞行性能。美国纽约研究所的专家们在为这架古代飞机模型作过风洞试验后，绘制了一张技术图纸，这些图纸把古代飞机模型的概貌描绘了出来。1954 年，哥伦比亚共和国在美国的博物馆展出过古代金质飞机的模型。后来在南美其他国家也陆续发现过这类飞机模型。

埃及与南美之间的飞机模型之间有什么内在联系吗？是埃及人架机曾经飞到过南美洲吗？既然 4000 前的人已经发明了飞机，可为什么直到 1903 年才有了世界上的第一架飞机呢？古代人是凭借什么手段制造了飞机的呢？如果这些谜都解不开，人们就只好把这件事

---

① 英尺：长度单位，1 英尺 =30.48 厘米。

归结为外星人了。因此西方有些人就认为：几千年前的人根本不可能制造出飞机，这些飞机模型，都是外星人在地球上留下的制品。

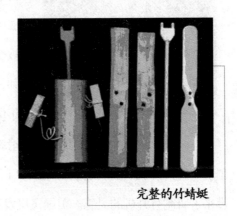

完整的竹蜻蜓

2. 竹 蜻 蜓

竹蜻蜓是中国人关于飞翔的一项重要发明。它被普遍视为现代旋翼机和直升机的雏形。其历史似乎可以上溯到公元前1500年前商朝西部边境民族奇肱人的飞车。晋朝学者葛洪在他的著作《抱朴子》中曾记述了这种飞车的原理，"或用枣心木为飞车，以牛革结环剑，以引其机；或存念作五蛇六龙三牛，交罡而乘之，上升四十里"。这大概是文字方面关于竹蜻蜓的最早记载了。

被称为"中国螺旋"的竹蜻蜓

根据历史记述和原理分析，完整的竹蜻蜓应包括桨翼、转轴和套在转轴外的竹筒这三个主要部分。但民间流传更广的是一种简化版的竹蜻蜓，它通常由桨翼（也叫翅膀、叶子）和转轴两部分组成。桨翼是用竹子或木头削成的细长而形状扭曲的薄片，转轴被安装在叶子的中间下方。玩时，用双手快速一搓转轴，手一松，竹蜻蜓

航
空
模
型
的
今
天
与
明
天

就在旋翼的带动下飞上天空，旋转好一会儿后才会落下来。如果是操控水平高的话，竹蜻蜓还会回到原地。

"航空之父"乔治·凯利

被称为"中国螺旋"的竹蜻蜓，在欧洲大陆一样很受欢迎，并对现代航空科学的发展产生过重要影响。18世纪时，法国曾专门举办过竹蜻蜓的飞行表演。被誉为"航空之父"的英国人乔治·凯利，一辈子都对竹蜻蜓着迷。他于1796年仿制和改造了"竹蜻蜓"，他自制的竹蜻蜓能飞30米高，他还一度绘出了有4个旋翼的直升机草图。这些研究推动了飞行器研制的进程，并为西方设计师带来了研制直升机的灵感。美国飞机发明人莱特兄弟小的时候，父亲给他们买了一个能飞的竹蜻蜓，兄弟俩十分喜欢，并开始仿制不同尺寸的竹蜻蜓。从此，兄弟俩的一生与飞行结下了不解之缘。到了20世纪30年代，德国人根据竹蜻蜓的形状和原理发明了直升机的螺旋桨。

飞机发明人莱特兄弟

《简明不列颠百科全书》第9卷写道："直升机是人类最早的飞行设想之一，多年来人们一直相信最早提出这一想法的是达·芬奇，但现在都知道，中国人比中世纪的欧洲人更早做出了直升机玩具。"

3. 风 筝

英国学者李约瑟曾把风筝列为中华民族的重大科学发明之一。美国华盛顿国家航空和空间博物馆中有一块标牌上则醒目地写着："人类最早的飞行器是中国的风筝和火箭。"

鹞形大风筝

在中国风筝发明之前，人类的很多飞行尝试，无不是直观的去从飞鸟身上获得灵感和启迪。人们认为，只要具有鸟一样的翅膀，自然会像鸟一样自由的飞翔。然而无论他们在制作翅膀上花费多少工夫，也不论他们怎样逼真的模仿鸟类的扑翼动作，始终都没有成功。毕竟鸟类的飞行原本就是一项极其复杂的事情，即便是今天科学技术高度发展的情况下，人类仍然无法够造出成像鸟类那样自由翱翔的飞行器来。

风筝给后世飞机的发明提供了新的思路，可以说风筝为人类飞翔插上了真正的翅膀。风筝不同于其他模仿鸟类扑翼动作的飞行器，它与鸟类飞行的根本区别就在于：在鸟类飞行过程中，它的翅膀要同时解决了上升力和推力的问题，鸟类的翅膀要扑动才能飞行。而风筝的发明者把物体飞行所需要的上升力和前进的拉力分解开了，风筝的翅

航空模型的今天与明天

太极八卦图案的风筝

膀只产生上升力，连接风筝的绳线则产生拉力，这样一来风筝的翅膀不扑动就可以飞行了。后来，人们用发动机代替放风筝的绳线，从而发明并制造出了现代的固定机翼飞机。可以说，中国的风筝是现代飞机的祖先。

中国风筝有着悠久的历史和高超的技艺。其历史可以上溯到公元前，北宋徽宗所著的《宣和风筝谱》、清曹雪芹所著的《南鹞北鸢考工志》以及20世纪30年代金铁庵著的《风筝谱》均被认为是记述中国风筝技艺的重要专著。

传统中国风筝的技艺概括起来为"扎、糊、绘、放"四个字，简称"四艺"。简单地理解，"四艺"即扎架子、糊纸面、绘花彩、放风筝。但实际上这四字的内涵要广泛得多，几乎包含了全部传统中国风筝的技艺内容。如"扎"包括选、劈、弯、削、接；"糊"包括选、裁、糊、边、校；"绘"包括色、底、描、染、修；"放"包括风、线、放、调、收。而这"四艺"的综合运用，

1984年4月，第一届潍坊国际风筝会

要求制作者达到风筝设计与创新的高水平。

根据样式和制作种类的不同，传统中国风筝分为四大流派，分别为潍坊风筝、北京风筝、天津风筝和四川风筝。

潍坊地处齐鲁之邦，古称潍县，是历史上著名的手工业之乡。这里所出产的泥塑、首饰、刺绣、杨家埠木版年画和风筝都是非常有名的，只要到潍坊去一趟，就能感受到潍坊"国际风筝之都"的称号是当之

山东潍坊风筝博物馆

无愧的。悠久的文化历史，形成了潍坊风筝特有的地方色彩。潍坊风筝自宋代开始流行于民间，明代更加普及，到清乾嘉年间盛行乡里。曾在潍县任 7 年县令的郑板桥，在他《怀潍县》一诗中就形象地描绘了清明时节潍坊一带放飞风筝的情景："纸花如雪满天飞，娇女秋千打四围，飞彩罗裙风摆动，好将蝴蝶斗春归"。同时期的潍县人郭麟也曾写过此类诗句："纸鸢儿子秋千女，乱草新米春燕多。"记述了当地人民

第21届潍坊国际风筝会
吉祥物

在风和日丽、草木竞发的清明佳节，争相到白浪河两岸游春放风筝的热闹场面。潍坊风筝艺人经过几代人苦心研究探索，他们把国画、杨

航空模型的今天与明天

家埠木版年画的技巧与风筝制作工艺巧妙地结合在一起，又形成了杨家埠风筝、国画风筝和象形风筝三个分支流派。在潍坊风筝中最具代表性的风筝分别为龙头蜈蚣风筝、硬翅人物类风筝等。

风筝上的仕女图

奥运福娃图案的风筝

北京风筝有 300 多年的历史记载。清明时节出游放飞风筝是北京一带的民间习俗。清人潘荣陛所著《帝京岁时纪胜》便把京人放风筝写得活灵活现："清明扫墓，倾城男女，纷出四郊，提酌挈盒，轮毂相望。各携纸鸢线轴，祭扫毕，即于坟前施放较胜"，"京师纸鸢，极尽工巧，有价值数金者。"民国沈太侔《春明采风志》载："常行沙燕，一尺以至丈二，折竹结架，作燕飞式，纸糊，绘青蓝色，中按提线三根，大者背着风琴或太平锣鼓，以索绕之，顺风放起，昼系线条，夜系红灯，儿童仰首追逐，以泄内之积热，盖有所取意也。三尺以上，花样各别，哪吒、刘海、哈哈三圣、两人闹戏、蜈蚣、鲇鱼、蝴蝶、蜻蜓、三阳开泰、七鹊登枝之类。其最奇者，雕

与鹰式，一根提线翔空中，遥睹之，逼真也。"北京风筝基本形式有硬翅、软翅、排子、长串和桶形五种。

天津魏记鹞形风筝

天津风筝也是很有特色的风筝流派之一。清代的杨柳青年画《十美图放风筝》即可证实天津有串灯、盘鹰、唐僧取经、蝴蝶等十种风筝。对天津风筝制作技术做出重大贡献的，是已故风筝艺人魏元泰。他从事风筝制作70余年，先后研制了平拍类、圆形立体类和软翅风筝，还创造了折翅风筝。他的作品在1914年巴拿马世界博览会上获得了金牌，为天津风筝赢得了荣誉。以"风筝魏"为代表的天津风筝，造型逼真，色彩典雅，做工精细。筝面大多采用丝绸，轻而结实，骨架选用质地细密、节长、弹性大的毛竹，用料十分考究。天

梁祝图案的风筝

儿童画　放风筝

津风筝在继承传统制作技术的基础上，不断创新和发展，造型更加美

观，彩绘更加精美，放飞晴空令人赏心悦目，又可放于室内以供观赏，是民间工艺的珍品。

日本风筝上的浮世绘

四川风筝主要流传于成都、绵竹等地，半印半画，先在纸上印好人物或动物形象的墨线轮廓，糊在骨架上，再用红、黄、蓝、绿等水画粗粗刷几笔，显得潇洒流畅，风筝以大为贵。有一种"羊尾巴"风筝，形制小且无装饰，三五个串在一起，放飞时摇摇摆摆，如羊群摆尾；还有一种 T 形风筝，也为别处没有。成都柏树林过去曾是有名的风筝市。

公元 5 世纪左右，中国风筝开始向世界流传的，先是传到朝鲜、日本、马来西亚等东亚及东南亚国家，后来又传到欧洲、美洲等地。

4. 热 气 球

热气球是比空气还要轻的飞行器，它的飞高腾空是在无数次尝试之后才得以实现的。广义来说，氢气球、氦气球也属于热气球。

1709 年 8 月 8 日，欧洲人古斯芒在葡萄牙王宫进行了他的热气球升空表演。他在一个盆型小船上蒙上粗帆布，把酒精和燃料放在盆底点燃，小船便摇摇晃晃离开了地面。可是飞到不高的高度时，小船就偏离上升方向，一头撞在墙上，瞬时燃烧起来，并在下落的过程中烧着了宫中华丽的垂幔和其他东西。好在国王陛下没有怪罪他。以王宫火灾为代价，古斯芒证明了热气球飞行的可行性。他的热气球装置与中国古代的孔明灯较为类似，但时间上要比后者晚 1500 多年。

尽管如此，74 年后的法国人蒙哥尔费兄弟，才被认为是热气球的真正发明者。蒙哥尔费兄弟原本是造纸工人。当他们看到碎纸片在篝火上飞舞时，产生了利用热空气制造飞行器的念

现代热气球

头。1783 年 6 月 5 日，他们公开展示了自己制作的热气球。该气球用纸和亚麻布糊成，直径约 10 米，内部灌入燃烧湿草和羊毛产生的热

航空模型的今天与明天

烟。当气球中充满热烟后，绳索被松开，气球逐渐升到约 475 米的高空，飞行 10 分钟后在 1600 米外的地方降落。同年 8 月 27 日，法国人查理的氢气球试验也取得了成功。

氢气球的升空成功，刺激了蒙哥尔费兄弟的好胜心。他们宣布，要制作出一只更大的且能够载人飞行的热气球。法国国王路易十六知

蒙哥尔费热气球

道后，特别邀请他们到巴黎制作气球，并要他们在凡尔赛宫进行表演。1783 年 9 月 19 日，蒙哥尔费兄弟制成了一只高 17 米、直径 12.5 米的气球，并首次进行了装载动物升空试验，吊舱里面装了公鸡、鸭子和绵羊各一只。结果除了公鸡的翅膀受了一点伤外，绵羊和鸭子都安然无恙。这就为气球载人飞行提供了足够的可能性。路易十六大喜，为蒙特哥菲尔兄弟颁发了圣米歇尔勋章。

同年 11 月 21 日下午，蒙哥尔费兄弟又在巴黎穆埃特堡进行了世界上第一次载人空中航行，热气球飞行了 25 分钟，在飞越半个巴黎之后降落在意大利广场附近。这次飞行比莱特兄弟的飞机飞行整整早了 120 年。

二战以后，高新技术使球皮材料以及致热燃料得到普及，热气球成为不受地点约束、操作简单方便的公众体育项目。20 世纪 80 年代，热气球被引入中国。

进入 21 世纪，热气球作为一个体育项目正日趋普及，全世界有

20000 多个的热气球在飞行。中国已有热气球 100 多个，并成功地举办了北京国际热气球邀请赛、泰山国际热气球邀请赛等大型比赛活动。

5. 扑 翼 机

扑翼机，又称振翼机，是机翼能像鸟和昆虫翅膀那样上下扑动的重于空气的航空器。中国春秋时期就有人试图制造能飞的木鸟。15 世纪意大利的达·芬奇绘制过扑翼机的草图。1930 年，一架意大利的扑翼机模型进行过试飞。此后出现过多种扑翼机的设计方案，但由于控制技术、材料和结构方面的问题一直未能解决，扑翼机仍停留在模型制作和设想阶段。

现代人设计的扑翼机翅膀是用各种合成材料做的，古代人的扑翼机"机翼"却是用地道的鸟禽羽毛做的，而"机身"却是活生生的人。在相当长的一段时间内，人类一直是很直观地模仿鸟类，用各种鸟

早期的扑翼机

羽或其他人造物制成翅膀，"安装"在人的身上。在经历了许多失败之后，人类逐渐认识到单纯的利用羽翅是不能飞行的。于是开始寻找一种机械的方式，扑翼机就是这个阶段的产物。

最早的扑翼机也许就是英国的修道士罗杰·培根在 1250 年发表的

航空模型的今天与明天

《工艺和自然的奥秘》一文中所记述的："供飞行用的机器，上坐一人，靠驱动器械使人造翅膀上下扑打空气，尽可能地模仿鸟的动作飞行。"15世纪初，欧洲文艺复兴时期的文艺、科学巨擘意大利的达·芬奇，也是研究扑翼机的著名人物。他的具体设想为：人俯卧在扑

现代扑翼机

翼机中部，脚蹬后顶板，手扳前部装有鸟羽的横杆，就像划桨一样扇动空气，推动飞行。这个方案是达·芬奇研究了鸟翅，利用物理和解剖知识而设想出来的。

达·芬奇之后，有个土耳其人穿了一件宽大的带框架的斗篷，利用扑翼原理飞行，不料框架经受不住空气阻力而折断，这位土耳其人不幸遇难。1678年，法国有个叫贝尼埃的锁匠也制了一架扑翼机，他在肩上担两根杆子，杆端各装一对铰接的长方翼片。

达·芬奇的自画像

杆端向上摆动，翼片收拢，向下摆动，翼片展开。通过多次实验，贝尼埃始终未能成功。1742年，62岁的巴凯维尔用四个翼形机构绑缚在

自己四肢上，从巴黎旅馆屋顶上奋身一跃，企图飞越塞纳河。但他飞了一半便坠河撞在船上，摔断了腿。1930年，一架意大利的扑翼机模型进行过试飞，它重约22.7千克，装有一台0.37千瓦（0.5马力）的发动机。

扑翼机的设计方案中，有的形如蝙蝠，具有薄膜似的扑动翼面；有的装有带缝隙和活门的扑动翼，具有类似飞鸟翅膀的作用。扑翼机和带翼飞人相比是种进步，然而在本质上仍是仿鸟的人力飞行。扑动的机翼不仅产生升力，还产生向前的推动力。这种影响一直延伸至飞机发明前夕。

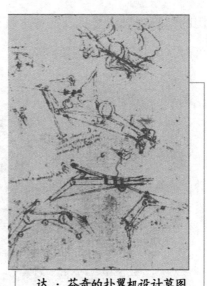

达·芬奇的扑翼机设计草图

但是后来的研究表明，扑翼机在低速飞行时所需的功率比普通飞机小得多，并且具有优异的垂直起落能力。但是要真正实现像鸟类翅膀那样的复杂运动或是像蜻蜓和其他昆虫翅膀那样的高频扑扇运动则非常困难。设计扑翼机所遇到的控制技术、材料和结构方面的问题一直未能解决，扑翼机仍停留在模型制作和设想阶段。尽管如此，仍有不少科学家、工程师和业余爱好者致力于扑翼机的研究工作。

6. 飞 盘

　　飞盘，又称飞碟、自飞盘，是一种新兴运动，也可以单指其所使用的塑胶制盘状器具。其基本玩法是用力抛向空中，经一段飞行而降落时，由自己或他人用手接住，多年来已发展出各种不同的玩法。

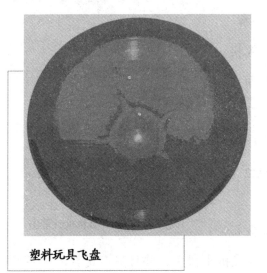

塑料玩具飞盘

　　飞盘适当地在几乎铅直的平面抛掷，也会像飞去来器（见《飞去来器》一节）一样的回飞。可是，飞盘通常是抛给另一个人，因此抛掷者只要定个自转平面，给予足够达到此一弯路径的水平升力就可以了。飞去来器和飞盘都可以轻触地面而不影响飞行。假想飞盘以前缘向下微倾，掠地而过。前缘擦地上，地面与飞盘的接触点给予飞盘以力矩，并改变其角动量，但此改变向量几乎和原来的角动量垂直，所以新的角动量是由原先的向量旋转而得。除了方向，角动量的值改变并不大，因此飞盘并不会慢多少，只是重新定向，朝新的方向飞行罢了。

　　现代塑胶飞盘是由美国西岸的瓦特·弗列德瑞克·摩里森于1948年首先开发出来的，然而其惯用英文名称却与远在东岸的一家饼店有

关。"福瑞斯比饼店"最早创立于康乃迪克州桥港，以制造出售派饼闻名，后来在邻近城市开设多家分店。一开始，附近大学生吃完福瑞斯比的派饼之后，顺手投掷空锡盘作乐，并称此动作为"福瑞斯比"。随后这项活动逐渐流行开来，并散播到新英格兰地区的各所大学。然而，当时此一活动仅能算是餐后的余兴节目，与现代飞盘及飞盘运动并无直接关系。

1937 年，出生于犹他州的摩里森与其女友在洛杉矶丢掷爆玉米花的空罐盖时，激发出现代飞盘的灵感。1946 年，摩里森画出现代飞盘的第一张设计图。1948 年，摩里森找人合伙，以塑胶原料成功地研制出世界第一枚现代飞盘，并称之为

儿童玩具飞盘

"飞行浅碟"（Flying Saucer）。1955 年，摩里森开发出新型飞盘，由于当时外太空不明飞行物之说极为盛行，故将它命名为"冥王星浅盘"（Pluto Platter）。

1957 年，开发呼啦圈的惠姆·奥公司签下了莫里森飞盘的市场专卖权，仍以"冥王星浅盘"为名上市出售。随后该公司共同创办人里奇·聂尔到东岸扩展市场时，得知当地大学生的"福瑞斯比"活动，决定用它当作品牌名称。由于并不知道"福瑞斯比派饼店"的典故，

第二章 航模家族兄弟众多

遂拼写成同音英文字"Frisbee"。1959年，该公司正式注册这一品牌名称，从此随着产品大量销售而广为人知。

1964年，艾德·黑德里克开发出第一个职业运动级的新飞盘，并由惠姆·奥公司制造销售。由塑胶制成，直径宽约20~25厘米。1967年，黑德里克在洛杉矶成立了国际飞盘协会（International Frisbee Association，IFA），随后又主导确立许多飞盘运动项目的规则，因而被誉为"飞盘运动之父"。

1974年，第一届世界飞盘锦标赛在美国加州玫瑰杯球场举行。1983年，惠姆·奥公司经营权易手，国际飞盘协会及世界飞盘锦标赛终止。1983年，世界飞盘联盟（World Flying Disc Federation，WFDF）成立。

7. 飞去来器

飞去来器，又称回旋镖、自归器、飞去飞来器等，得名于"飞出去后能再飞回来"的特性。外观上有"V"字形、香蕉形、钟形、三叶形、"十"字形、多叶形等多种造型。以往的"V"字形和香蕉形的飞去来器多用坚硬的曲木制成，曾是澳洲土著人的传统狩猎工具和战争武器。熟练的猎手向猎物发出飞去来器以后，如果没

澳大利亚土著人手工制作的典型回旋镖

有击中目标，飞去来器会神奇般的返回到发出者的手中。

　　飞去来器一直是澳洲人的宠儿，人们把它当作玩具和运动器械并开展投掷比赛。后来飞去来器风行欧美，成为一种集健身、娱乐、趣味性为一体的理想健身器材。在德国北部城镇基尔，人们定期举行世界性的飞行飞去来器锦标赛。

十字形塑料回旋镖

　　相信很多人都曾看过杂技表演者将飞去来器飞出去绕观众的头顶盘旋一圈后，在一片惊呼声中又飞回表演者手中的精彩表演。1996 年 9 月 15 日，悉尼奥组委推出的第 27 届奥运会会徽，其图案上方便是用澳大利亚土著人传统狩猎工具"飞去来器"组成的一个举着奥运会火炬奔跑的运动员形象，图案下方则标有英文"悉尼 2000"字样和奥运五环标志。

第 27 届奥运会会徽

　　作为一种户外休闲健身运动，飞去来器非常适合现代人。在投掷的过程中你可以充分体会那种独特的飞行乐趣。当飞行水平日趋提高后，你会对它产生更加浓厚的兴趣，久玩不厌。

　　在投掷飞去来器时，尽量选择宽阔的空地或草坪，最好在其飞行轨迹范围内无人，如果周围有人的话，你要让他

航空模型的今天与明天

们明白你在做什么以便闪躲，因为飞去来器虽然是玩具但也很有可能造成轻微伤害。

不管是何种造型的飞去来器，大部分的截面都如传统机翼般下部平坦上部呈弧形，投掷时手执飞去来器的前端竖起，面向右，用拇指、食指和中指握住，飞去来器的末端用无名指支撑并将向右倾斜

回旋镖的握法

20～45 度左右，具体倾斜角度要根据每一个不同的飞去来器性能而定。举起飞去来器至肩膀的上方投掷时运用腕力（使飞去来器能高速旋转），如投棒球般，手臂与地平面平行或略微抬高掷出。在强风中不宜投掷，如果是微风，则人先面对投掷的目标方向，再右转 45 度掷出。

待飞去来器回旋至投掷人所在位置时，可打开双手然后手掌像夹书一样以"三文治式"的方式双手伸直夹住飞去来器。以这种方式来接镖的话，只有当飞去来器与您的肩或者腰处于同样高度时方可；当飞去来器的高度在您的脸部时，千万不可以以这种方式接镖，而应尽量躲开。不要尝试背对着去接镖，应依照飞去来器的飞行途经，当飞至您身边时您可尝试接住它。最好要不以单手接，除非您已是很熟练的投掷手了。

飞去来器为什么飞出后去还能回来？

飞去来器飞出去能回来的原因，主要在镖臂的截面形状及其自旋。没有这两点特性，飞去来器与其它的木棍没有两样。镖臂的截面形状使飞去来器所受的空气升力和机翼相同，而镖的自转则令镖身稳定。由转动力学知道，飞去来器和陀螺一样，其自转轴也绕铅直线旋转。升力及稳定性使飞去来器上升，而其自旋轴之转动则令飞去来器回飞。

飞去来器镖臂迎向气流的角度，对其飞行十分重要。如果镖臂朝气流的方向倾斜，使气流正射在弯曲的颈部，气流下压使升力减小，这种入射方式叫"负角"。升力减小使入射气流又施于上面的下压力，也可说部分升力消失是因为气流回绕机翼的趋势减弱，而且机翼上下的气流速率差减少了。相反的，如果机翼背向气流的方向倾斜，使气流稍微正射平坦的底部，这种情况就叫"正角"，因气流向上推会使升力增加，气障也增加。如果角度太大，不利的气障递升就会超过有力之升力，所以说飞去来器镖臂迎向气流的角度，对其十分重要。

飞去来器之圆周路径与抛掷它的速率无关，只有转动惯量和飞去来器的截面形状，才能决定飞行路径的半径。因此一个飞去来器，不管你用力多大（在假定的铅直面上作相同的投掷），其路径总是不变的（当然，假设用力足以飞完全程）。如果要改变圆周路径的大小，通常必须换个不同转动惯量或截面形状的飞去来器。然而也可以在镖

第二章　航模家族兄弟众多

臂加上载物来增加转动惯量，这种技巧是想打破抛远纪录的人用的。飞盘也是以同样的方式飞行，它有一个弯曲的顶面，以手腕的扭甩使其旋转，空气的撞击或经由上下表面气流之不同获得升力。

8. 纸 飞 机

纸飞机是一种用纸做成的玩具飞机。它可能是航空类摺纸手工中最常见的形式，航空类摺纸手工属于摺纸手工的一个分支。

在中国，用纸制作玩具可以追溯到 2000 年前，但没有人能有把握地提供准确的证据指出纸飞机地这项发明到底起源于哪年。在西方，最早能追溯到年代的纸飞机是在 1909 年制作的。然而，最为人们所接受的制作方法是由约翰·K·诺斯罗普（洛克希德公司的创始人之一）在 1930 年所提供的。诺斯罗普曾用纸飞机做模拟测试，来研究真实飞机的飞行机理。随着时间的推移，纸飞机的速度、浮力和外形的设计已经有了较大的改进。

由于纸飞机是最容易掌握的一种摺纸类型，所以深受初学者乃至高手的

最简单的纸飞机

喜爱。最简单的纸飞机折叠方法只需要 6 步就可以完成。现在，"纸飞机"这个词也包括那些用纸板做成的。

在教室里扔纸飞机，曾经一向是那些不遵守纪律的学生的"专利"。但后来纸飞机已经飞出教室，成为一种深受人们喜爱的全球性运动，各地的纸飞机迷们将有机会在世界纸飞机锦标赛上一决高下。

尼古拉斯·迪斯卡姆斯是法国一所学校信息技术专业的学生，他一边研究着他手中的纸，一边说："折出一架好飞机的秘密在于耐性、对称和能感觉到你需要

硬纸板做成的纸飞机

折什么地方的好眼力。"他和其他 75 名选手将只用一张 A4 纸，想办法折叠出一架出类拔萃的纸飞机，参加世界纸飞机锦标赛法国站的比赛，看谁的飞机飞得最远，飞行距离最长，特技飞行最棒。

在当地一所中学的一间大教室里进行了一个小时的热身后，那些有希望的选手分别在三个比赛项目中挑出了自己最擅长的项目，获胜者将参加在摩纳哥举行的法国国家锦标赛，同来自其他 8 个法国城市的获胜者展开较量，争夺在奥地利萨尔茨堡举行的世界纸飞机锦标赛决赛的通行证。届时，将有 48 个国家的好手参加。法国赛区代表杰弗里·卡特拉德表示："这种比赛只是为学生举办的，但也有许多来自世界各地的纸飞机迷参加。"根据三个比赛项目的规定，所有比赛需要在没有风的户外举行，所有飞机都必须由一张统一大小的纸张折叠

航
空
模
型
的
今
天
与
明
天

法国学生准备抛纸飞机

而成。组织者规定，这张纸只能折叠，不能撕裂、粘贴、切割、钉或填装其他物品。在抛出飞机的瞬间，需双脚着地，但在此之前，可以有一只脚离地。踩线将被取消比赛资格。

专门为纸飞机爱好者开设的网站越来越多，这意味着这项运动的普及面越来越广。成立于1989年的伦敦大学帝国学院土木工程系举行了一次纸飞机比赛。随后，"纸飞机协会"成立，目标是"促进纸飞机技术的发展"。该协会还在研究纸飞机的起源，了解什么时候以及是何人第一次发明了纸飞机。该协会表示，第一次发明纸飞机的很可能是中国人，因为"他们首先开始使用纸张，几百年前就开始放风筝。"

纸飞机协会表示，事实证明，要制作一架能飞的纸飞机并不容易。该协会在"纸飞机网"上介绍说："不幸的是，那些认为制作纸飞机是很简单的事情的人，经常被证明是错的，尤其是你想创造一项世界纪录，难度就更大了。"事实确实如此，这个观点在法国马赛赛场上多次得到证实。许多低劣的纸飞机只飞出几英尺，便坠向地面。而那一两架表现出色的，则可以飞出26米。

但是，这离世界纪录还相差很远。美国著名的纸飞机设计者托尼·弗莱特1985年创下纸飞机的飞行距离世界纪录——58.82米。到目前为止，依然没有人打破它。这个比莱特兄弟的首次飞行的距离还

要长。

很多年来，许多人试图突破手掷飞机在空中的最长停留时间这一极限。纸飞机爱好者、美国人肯·布莱克布恩保持这一吉尼斯世界纪录长达 13 年时间（1983～1996 年）。1998 年 10 月 8 日他创造了室内纸飞机飞行记录，他的纸飞机在空中保持了 27.6 秒。布莱克布恩在这次冲击记录的尝试中使用的纸飞机被归属到滑翔（无引擎飞机）类当中。

童年的纸飞机

虽然普遍认为轻的纸飞机比重的飞得更远，但是肯·布莱克布恩认为这是不正确的。他打破 20 年前的纸飞机纪录是基于他的信念：最好的飞机拥有短的机翼和重心位于掷飞机的人掷出飞机的那个点，同时长机翼和更轻的重量能让纸飞机更长的飞行，但是在掷出阶段不能被给予更多的力量。布莱克布恩说："为最大高度和好的进入滑翔状态转变，必须使抛出角度为水平向上 10 度"——至少达到 60 英里/小时（大约 100 千米/小时）的速度是他成功掷出的飞机所必需的。

美国人肯·布莱克布恩抛出纸飞机时的瞬间

布莱克布恩还创建了属于自己的

网站，通过它给用户提供投掷纸飞机的窍门以及展示不同类型的纸飞机模型。在不到一年的时间里，他的网站点击数便达到了 40 万。

纸飞机的三种类型

传统型

这种纸飞机需要 6 个步骤来制作，如果略去第 1 步对折的话可以只用 5 个实际的操作步骤。可以使用一张长方型的纸（推荐 A4 或 Letter）来制作这种纸飞机。

首先把纸张放在垂直方向，并把左右对折来制造一个在纸张中间的折痕。将对折打开，并把左上及右上角折向中间的折痕。再依先前的中间折痕，左右对折。接下来则进行最重要的步骤，也就是折机翼的部分。最后把纸张依然放在垂直的方向，把钝端（下方）的两侧纸张向外侧翻折而不是向内侧。一架传统的纸飞机就完成了。

DC－03 型

DC－03 型纸飞机据称是"世界上最好的纸飞机"之一，它拥有巨大的滑翔翼和一个可能在所有纸飞机里独一无二的尾翼。可惜的是没有一个国际性的纸飞机联盟或者协会对这是否是世界最好的纸飞机进行官方的认定。

虽然 DC－03 模型也有机翼，但吉尼斯世界纪录保持者肯·布莱克布恩不同意在纸飞机的尾部加"尾翼"的做法。他在自己的网站上解释纸飞机的空气动力学时提到尾翼是不必要的。他以实际的 B－2

幽灵飞翼轰炸机为例，提到沿着机翼的配重使重心更向前，因此飞机也就更平稳了。

Paperang 纸飞机

1977 年，埃得门德·惠根据滑翔机的空气动力学，独立地发明了一种隐形轰炸机似的新型纸飞机。这种被他称作 Paperang 的纸飞机相当独特。它具有可准确控制的翼剖面和高纵横比的机翼，其建造方法使建造者可以改变机身外形的各个部分。这使它成为一本 1987 年出版的名叫《有趣的纸飞机》的书和 1992 年很多报纸文章的主题。由于使用了订书针，它无法参加大部分纸飞机竞赛，但极佳的滑翔性能使它的滑翔比达到 12:1，并相当稳定。

9. 模型飞机

狭义而言，航空模型仅指模型飞机和模型直升机。模型直升机将在下节介绍，本节我们主要来谈谈模型飞机。

飞行中的模型飞机

模型飞机，也称固定翼飞机模型。其构造主要包括机身、机翼、尾翼、起落架和发动机五部分。从制作材质来看，可分为纸质、木质、塑料、树脂、铝合金、碳纤等材料

— 45 —

制成的模型飞机；从动力方式看，可分为橡筋动力、燃油发动机、电机动力、油电双动力模型飞机和无动力的模型滑翔机等；从操控方式上看，还可分为线操纵模型飞机和无线电遥控模型飞机。

其中，橡筋动力飞机又称弹射模型飞机，就是用橡筋弹射出去，上升到一定高度后再开始滑翔下降的模型飞机。这种模型飞机比较小，翼展

油动模型飞机

在200～300毫米之间，一般在较小的场地就可以飞行。机翼和尾翼通常用整块的桐木制作，机身用松木制作。

油动模型飞机由燃油发动机驱动，马力充足，可以做筋斗、横滚、等动作。其燃料的主要成分包括木精（甲醇）、润滑油、硝基甲皖及其他添加剂（如防锈剂）等等。

电动模型飞机由锂电池供电的电机驱动，操作比较简单方便，飞行速度慢，适合初学者练习。但动力不足不能做太多特技动作。

下面重点介绍一下线操纵模型飞机和无线电遥控模型飞机。

线操纵模型飞机

线操纵模型飞机是人类历史上第一种可以直接控制的模型飞机。

其基本操纵原理是：站在地面的人操纵着两根操纵线，经过操纵机构来控制模型飞机上的舵面，从而控制模型飞机的飞行姿态。从结构上来看，包括机翼、机身（包括垂直尾翼及电动机）、机身盖、水平尾翼、螺旋桨、起落架、充电器以及操纵手柄

放在机架上的线操纵模型飞机

与操纵线。能够用线操纵的模型飞机品种很多，像无动力线操纵模型飞机、橡筋动力线操纵模型飞机、电动线操纵模型飞机等。一般所讲的线操纵模型飞机主要指用活塞式燃油发动机作动力的线操纵模型飞机。

作为最简单的可操纵模型飞机之一，线操纵模型飞机的优点有很多。首先，它的操纵机构简单，只用两根线就能对飞机进行操纵。其次，它使用的场地小，2.5毫升以下发动机的线操纵模型飞机，只要一个直径大约为35米的场地就可以飞行。另外，线操纵模型飞机反应准确、及时，熟练的操纵者可以操纵它飞出许多复杂的动作。线操纵模型飞机的缺点是：飞行范围有限，只能作俯仰操纵，不能作方向操纵和横向操纵。

线操纵模型飞机是我国最早开展的航空模型项目，也是我国在世界航空模型锦标赛中夺得金牌和奖牌最多的项目，在国际级线操纵特技模型飞机（F2B）项目上更是历史性地创造了个人和团体世界冠军"双五连冠"的佳绩。

航
空
模
型
的
今
天
与
明
天

中国第一架成功飞行的线操纵模型飞机

在 1946 年的上海比赛中，美国飞虎队达尔上尉带来了一架线操纵模型飞机，在我国是从未见过的，开拓了大家的视野。

施吾省与黄永良二位老前辈合作做了一架 P - 51 的线操纵模型飞机。他们通过达尔上尉和一位美国空军托特中校的帮助和指导，了解了线操纵模型飞机设计制作的技术要点，并从美国买回了国内不易买到的模型器材，才使 P - 51 模型顺利完成，但不知道如何操纵。

1947 年的 4 月 1 日他们请托特中校试飞，地点在跑马厅（现在的人民广场），可惜发动机（OK - 60）启动不了，只能改到第二天到虹桥飞机场再次试飞。这次一切顺利，只是中校飞了几圈降落时摔坏了起落架。这就是施吾省与黄永良二位老前辈第一次看到线操纵的飞行和起降。

这天晚上施吾省老前辈一夜没睡，修复了起落架，因为 4 月 3 日的早晨上海市的航模运动员将乘坐空军运输机去南京参加第一届全国航模比赛。

施吾省老前辈 4 月 2 日为了将 P - 51 的起落架修好一夜没有睡，这时已经是早晨四点半，还能稍睡一会，就在床上躺一会吧！六点过后马国榜（当时中模会的发起者、负责人，后在济南市体委退休）的电话铃声不停，可是施吾省没有醒，太累了！后来家人把他叫醒，此时已经超过了集合时间。施老打电话给马国榜总算找到他了。马老要施老尽快直接赶到北四川路空军司令部。施吾省二话没说拿行李背包

黄永良和施吾省老前辈一起成功制的
中国第一架线操纵模型飞机

和二架模型坐出租车便直奔北四川路。

车到司令部门口,施吾省向站岗的士兵说明来意。士兵说:"他们已经走了。"正在一筹莫展之时,从办公室走过来一位空军军官,他看到施着急

的样子,问:"你是去南京参加比赛的运动员吗?"他看了一下他的手表说:"你如果在半小时能赶到江湾飞机场也许还能赶上这班飞机。"施吾省老前辈回头看到方才乘坐的出租车尚未离开司令部,又一次上车请司机加快车速直奔江湾机场,约二十分钟就开到了江湾机场。

机场入口处的站岗士兵是一位美国士兵,施老用洋泾浜英语告诉他要乘飞机到南京去参加比赛等,美国士兵总算听明白了,可是他拿着施的P-51线操纵左看右看不放手,他一点不急,施老可急坏了!总算好心肠的站岗士兵放施老进去了。施吾省背着背包一手拿一架模型拼命往机场办公楼奔跑。此时此刻喜剧发生了:从后面开来了一辆军用小轿车,突然在施老的前方停车,车上下来一位空军飞行员向施招手,原来他就是施在北四川路空军司令部遇到的那位空军军官。就这样施吾省上了他的小轿车,心想这回可一定能乘上去南京的飞机了。

几分钟后汽车就开到了机场的一个停机坪上,汽车停在一架C-47运输机旁,施吾省从敞开的机舱大门看到舱内很多参赛运动员,心

里高兴得无法形容。施吾省首先见到的是合作伙伴黄永良，看样子他正着急他的合作伙伴的命运吧！施吾省也来不及向这位好心的空军军官道谢，一下汽车只是大叫一声"黄永良"。就这样上了这架幸运的运输机。原来这位好心的空军军官就是驾驶这架 C－47 的驾驶员。经过一个多小时的飞行大家顺利到达南京。

施吾省与黄永良老前辈参加首次全国比赛的项目：是牵引滑翔机和线操纵模型飞机。

由于老天给了个好天气，大太阳一晒产生了一团团的上升气流，在牵引滑翔机的比赛时，黄永良找准时机一松手施吾省就将模型牵引到上升气流团中，就这样他俩的模型越飞越高直到飞出视线，成绩是 10 分 59 秒获得了第一名。

另一个项目线操纵模型飞机，由于只有一架模型参赛故只能作为表演项目。施吾省与黄永良老前辈的 P－51 也因为是唯一一架参赛的，所以参观的人很多，而且当时的空军总司令周至柔也在场观看。说实在施吾省和黄永良心中都没底，因为只是在两天前托特中校帮助试飞过一次，他俩还没操纵飞行过呢！只许成功，不许失败。

施吾省与黄永良二人密切配合，仔细检查，互相提醒，顺利地起动了发动机，施吾省老前辈来了灵感，很顺利地飞了三圈，仅因油箱太小而停车，而且又平稳地降落。这时两位老前辈的心里充满了胜利的喜悦。在观众的掌声中他们又飞了一个起落，再次获得成功。

这就是中国第一架线操纵模型飞机在第一届全国比赛中的成功亮相！

无线电遥控模型飞机

无线电遥控模型飞机，更专业的名称是无线电遥控固定翼模型飞机。它拥有和真实飞机相同的外形和内部结构特征，可以模拟所有真实飞机表演的动作，能够实现前后、上下、侧飞、左右、倒飞、加速减速等大量技术动作，甚至还可以实现一些独特的飞行动作。但它与真实的固定翼飞机一样需要跑道来起飞和降落，并且需要比较大的飞行空域。

无线电遥控模型飞机，有油动和电动之分。油动的最大好处是续航时间长，只要及时加油即可飞行，而且马力强劲。但油动机的危险系数较高，维护相对复杂，价格也比较高，因此电动航模成为航模普及的主要角色。

航模爱好者的户外活动

从结构和功能上，无线电遥控模型飞机还可分滑翔机、教练机、特技机和像真机。滑翔机拥有长长的机翼，滑翔性能很好，适合初学者。教练机机翼通常在机身背上，统称高翼机，有高稳定性，适合初学者。特技机机翼通常在机身中间或机肚下面，很灵活且能做各种特技动作，适合高手表演。像真机主要按真飞机的比例缩小制造，外观和飞行姿态逼真，适合个人拥有或其他用途使用。

从商店购回的遥控飞机通常只有机体，遥控器、发动机、和其他工具是需要另外购买的（也有部分飞机是整套购买的）。这种模型飞机在出厂时已90％安装，但还是要自己

双翼遥控模型飞机

将发动机、遥控器组装上去。初学者可请师傅帮忙安装并试飞。

无线电遥控模型飞机可以说是高级玩具，但其结构复杂程度和可操作性远高于玩具遥控飞机，而且需要比较大的空间才能任意飞翔。航模初学者要挑比较稳定的机型学飞，如滑翔机、高翼机。初次试飞最好有老手在旁边指导。拥有飞行模拟器的平时也能在电脑上学飞，是最好的学习途径。

各档次遥控设备推荐机型

入门级：6EXH，这个是一款非常适合入门玩家使用的 6 通道遥控设备，遥控距离 800 米。当然 6 通道的遥控设备也是直升机所需要的最低配置要求。这款遥控设备具有相对比较简单实用的功能设定。其中包括直升机飞行的最基本参数设定，以及可供选择的两种飞行模式，即一般飞行模式和特级飞行模式。

晋级型：9C Super，对于飞行有更高要求的玩家来说。这款机型价格在 3600 元左右，遥控距离 1000 米的这款 9 通道遥控设备，是一

个非常理想的进阶选择。它提供了更加丰富的直升机飞行参数设定。更多的飞行模式，具有直观的液晶参数显示面板。此外9C Super 还拥有更加人性化的教练功能，能够帮助玩家尽快入门飞行。因此使得9C Super 成为初学者更加理想的选择，同时丰富而强大的功能设定，使其具有准专业的特性。使很多资深玩家非常热衷于这款机型。

顶级装备：F14MZ，价格在 18000 元左右，安全遥控距离不小于 1000 米，使用先进的 G3 频率模式的 F14MZ 是 FUTABA 公司的顶级遥控设备，具有 14 个可操控的通道和及其全面丰富的各种飞行参数设定，以及超大的彩色液晶参数面板。这是一款完全专业的竞技机型，很多发烧级玩家会不惜花费巨资拥有这样的顶级装备，体验更具诱惑的操控感受。

10. 模型直升机

模型直升机拥有和真直升机完全一样的机械结构与飞行姿态，甚至飞行中的声音都是完全一样的。模型直升机造型比较美观，除了可享受飞行中的乐趣外，平时放置在家中也是一个时尚的装饰品。

相对固定翼模型而言，模型直升机有着更加独特的飞行性能。可以实现悬停、后退、突然的航迹变化等，能够实现比固定翼飞机更精彩的花式飞行，通常发烧友称之为"3D飞行"。模型直升机凭借这些优势，也逐渐成为当前遥控模型中的新宠。

此外模型直升机飞行时不需要起飞和降落的跑道。一片小小的草

航空模型的今天与明天

地就可以进行简单的飞行，甚至在室内也可以，这样就显得更加灵活、方便，可以随时随地地体验飞行的快乐。对于繁忙的都市人而言，一片绿色的草地、一架精美的直升机模型，无疑是一种时尚休闲运动方式。

遥控模型直升机

无线电遥控模型直升机可以说是遥控航模产品中的极品，许多航模爱好者都渴望拥有自己的遥控直升机。遥控模型直升机利用主旋翼的转动，产生与空气的相对运动，造成升力将机身升起，配合发动机的动力，利用微妙的机械操作，改变主桨及尾桨角度，令机身做出升、降、横向飞行、翻滚、打转等多种不同动作，甚至翻转倒飞等令人意想不到的动作花式。若你能够控制它离开地面悬浮于空中并做出种种特技，那种兴奋的心情是难以形容的。但由于其昂贵的造价和复杂的操纵，使得许多爱好者望而却步。

六通遥控直升机

近年来，航模技术的不断发展和深入，使得越来越多的模型爱好者接触到遥控直升机模型。但是，由于遥控直升机种类繁多，而且在操纵上不同于其他机械模型，遥控直升机是悬浮在空中的，

方向性的掌握非常重要，它是所有遥控模型中最难于学习控制的。

航模直升机的分类与玩家流派

一般来说，航模直升机分为油动直升机和电动直升机。前者采用燃油发动机驱动，后者由电机驱动。根据马力的不同，油动直升机又分为 18 级、30 级、50 级和 90 级，其主流技术包括六通道或以上数控遥控设备、双感锁尾陀螺仪以及甲醇发动机等。电动直升机又分为 400 级、450 级、500 级、600 级（相当于 50 级油动直升机），其主流技术包括六通道或以上数控遥控设备、双感锁尾陀螺仪、外转无刷马达和锂聚合物电池等。

航模直升机的玩家主要分为 F3C 派和花式 3D 派。F3C 流派强调精准操控、极限稳定、要求标准动作行，在机器方面主要选用油动 50 级和 90 级机型。花式 3D 流派则喜欢挑战地心引力，追求漂亮的翻滚、极致不可思议的刺激动作，机器多采用电动 450 级、500 级和 600 级。对于初学者，大多推荐采用电动 400 级，或者油动 18 级与 30 级的航模直升机机型。

航模直升机翼展尺寸

机　型	400 级	450 级	500 级	600 级	50 级	90 级
翼展尺寸	0.6 米	0.7 米	1.2 米	1.5 米	1.5 米	1.6 米

11. 模型火箭

　　航天模型是仿航天器外形制作的一种可回收模型，隶属于航空模型，是供运动用的一种不载人的飞行器，其动力为模型火箭发动机，即一种微型固体火箭发动机。由于航天模型多呈火箭状，故通称模型火箭。换句话说，模型火箭是指不利用空气升力去克服重力，而是靠模型火箭发动机推进升空的一种航空模型。它装有使之安全返回地面的以便再次飞行的回收装置。为确保安全，它的结构部件必须由非金属材料制成。

各类模型火箭

　　模型火箭虽小，然而它要靠模型火箭发动机推进才能在大气中飞行。因此，设计和制作模型火箭需要多方面的知识，如空气动力学、火箭飞行力学等。要研究模型火箭在空气中飞行的稳定性和空气对它的阻力；要分析火箭的飞行轨迹，计算它的飞行高度；有条件时，还可以对模型火箭进行风洞试验，确定火箭最佳外形；进行模型火箭发动机静态性能测试试验，测量推力和工作时间，计算总冲量。在发达国家的一些高等院校里，在理工科有关的课程上，甚至一些中学的物理课上，教师们经常以模型火箭作为讲课的题材，并在此基础上指导学生开展一些课题研究和模型火箭的制作。

20 世纪 40 年代末至 50 年代初，模型火箭运动在美国和捷克斯洛伐克兴起并得到发展。20 世纪 50 年代，模型火箭逐步标准化、系列化和商品化，从而使模型火箭运动在全球范围内得到推广和普及。1957 年，美国市场上出现了模型火箭套材及其专用的模型火箭发动机，并且成立了国家火箭技术学会，负责模型火箭技术的交流和管理。在此期间，东欧各国如南斯拉夫、保加利亚和波兰等，也在大力发展模型火箭运动。

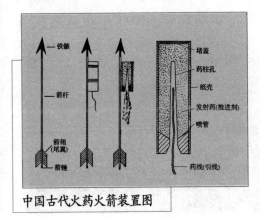

中国古代火药火箭装置图

由于模型火箭发动机的商品化，使模型火箭的研制、组装、发射变得简单，而且也更加安全可靠，从而激发了广大青少年和学生积极投入的巨大热情。他们灵活运用在学校学到的数学和工程知识，并积极向有关专家和工程技术人员请教，使得一整套以模型火箭为研究对象的理论和制作技术应运而生，并不断完善。

1959 年，国际航空联合会（FAI）审议并通过国际模型火箭竞赛规则（1984 年以后执行的规则为《FAI 运动规则，4d 部分，航天模型》）。从此，模型火箭运动正式列入国际航联所属的国际性比赛项目。

1966 年 5 月，在捷克斯洛伐克举行了首届模型火箭国际赛，仅有 7 个国家参加，除美国外，其余为东欧 6 国，即波兰、罗马尼亚、民

主德国、保加利亚、南斯拉夫和东道主捷克斯洛伐克。1972 年 9 月，在南斯拉夫举行了第一届世界航天模型锦标赛，除美国和东欧 6 国外，参加的国家还有澳大利亚、加拿大、联邦德国、西班牙、埃及、荷兰和英国等。从此，世界航天模型锦标赛成为国际航天模型最高级别的竞赛。此后每 2 ~ 3 年举行一届：1974 年在南斯拉夫、1978 年在保加利亚、1980 年在美国、1982 年在波兰、1985 年在保加利亚、1987 年在南斯拉夫、1989 年在罗马尼亚、1992 年在美国、1994 年在波兰、1996 年在斯洛文尼亚、1998 年在罗马尼亚、2000 年在斯洛伐克、2002 年在捷克、2004 年在波兰、2006 年在哈萨克斯坦，共举行了 15 届世界航天模型锦标赛。

除世界锦标赛外，每年还举办洲际锦标赛及公开赛，如欧洲航天模型锦标赛、国际航天模型公开

2008 年,全国航天模型锦标赛在杭州举行

赛和北美航天模型竞赛等。1991 年，亚洲的日本成立了模型火箭学会，引进美国的模型火箭技术，大力发展和加强本国的模型火箭运动实力。

中国是火箭的发源地，早在 12 世纪，我们的祖先就研制成功与现代模型火箭发动机相类似的火药火箭。但是，现代化的模型火箭运动在我国起步却很晚。20 世纪 50 ~ 60 年代，我国曾在小范围内开展过

模型火箭运动，主要是用作表演，虽也曾组织有关力量对模型火箭技术进行过探讨和初步研究，但由于模型火箭发动机的安全问题未能解决，致使模型火箭运动在我国的推广和普及一度受阻。随着改革开放的深入，模型火箭运动又提到了议事日程上。

1990 年 5 月，国家体委、中国宇航学会和中国科协联合委托当时的中国航空航天工业部第四研究院第四十一研究所（简称 41 所）开发模型火箭技术。1991 年 41 所研制出了系列模型火箭发动机，获国家发明专利。随后进行模型火箭及其配套产品的开发和生产，供应市场。模型火箭系列产品的开发成功，填补了国内航天模型的空白，为在我国推广和普及模型火箭运动创造了良好的条件。

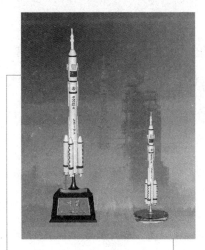

"长征二号"火箭模型

1994 年，我国代表队首次参加第 10 届世界航天模型锦标赛，取得高度项目亚军的好成绩。1995 年，国家体委正式将航天模型运动列入青少年航空模型比赛项目。1996 年，我国代表队在第 11 届世界航天模型锦标赛上夺得少年高度项目亚军。1997 年，航天模型被列入全国航空模型正式比赛项目。1998 年 7 月 11～18 日，在罗马尼亚举行的第 12 届世界锦标赛上，我国选手获得降落伞留空项目的团体冠军，少年火箭助推/滑翔机留空项目个人第三名的好成绩。

航
空
模
型
的
今
天
与
明
天

2000年，在斯洛伐克举行的第13届世界锦标赛上，我国共有30名运动员参赛，是参赛人数最多的国家，共取得两项第3名（S3A和S4B）与两项少年亚军（S4B和S8E）。2002年10月在捷克卡鲁帕伊市举行的第14届世界锦标赛上，中国队18人参赛，获火箭助推/滑翔机（S4B）成年组团体亚军。2004年9月，在波兰德布林举行第15届世界锦标赛，中国队取得骄人的成绩，获得遥控火箭助滑滑翔机（S8D）青年团体第一名和青年个人第一名，自旋翼模型火箭（S9A）青年团体第一名和遥控火箭助彬滑翔机（S8EP）成人团体第一名。2006年9月，在哈萨克斯坦的俄属拜克努尔发射场举行的第15届世界锦标赛上，中国队包揽了遥控火箭助推/滑翔机（S8D）的青年组个人前3名和团体第一名。

国内涉及模型火箭的比赛主要有全国体育大会航空模型比赛、"孔雀杯"全国青少年航空航天模型锦标赛和"飞向北京——飞向太空"全国青少年模型火箭比赛等。除全国举行航天模型比赛外，各省市也举办自己的模天模型比赛。

第三章　航模运动方兴未艾

　　体育竞赛早已不单纯是体力的较量，同时也是经济、科学技术、文化知识以及智力的综合较量。航空模型运动正是属于这种综合型的体育运动。它早已发展成为一个世界性比赛项目，在中国和全世界都拥有成千上万的爱好者，特别是受到了广大青少年的喜爱。

1. 世界航模运动回顾

　　制作和试飞航空模型的活动，从一开始就引起人们浓厚的兴趣，而且千百年来长盛不衰。其中主要原因就在于它在航空事业的发展和科技人才的培养方面起着十分重要的作用。

　　现代航空模型运动起源于19世纪末到20世纪初。在飞机发明之前，航空模型具有强烈的探索性质。飞机的主要探索者、发明人、研制者如英国的凯利、俄国的莫扎依斯基、德国的李林达尔、美国的兰利和莱特兄弟、中国的冯如等，都曾经利用模型飞机进行过大量实验。当时没有风洞等测试仪器，没有职业试飞员，模型飞机是最廉价、最可靠、最安全、最有效的实验手段。

　　俄罗斯的发明家莫扎伊斯基，曾对海船的螺旋桨和鸟类的飞行进

航空模型的今天与明天

行了长时期的研究。为解决产生升力的问题，他分多次乘由三匹马拉着的大风筝升到空中做飞行试验，并制作了许多模型飞机。这些模型不但能在地上滑跑，而且还能凌空翱翔。模型飞机的试验证实了他在飞机大小形状、翼面特性、螺旋桨拉力和重量等方面所作的计算和推测。莫扎伊斯基据此设计和制造了自己的第一架飞机。

前苏联邮票上的莫扎伊斯基

1882 年 7 月 20 日，在彼得堡附近的红村，他的飞机终于飞上蓝天。

而被认定为是世界上第一架飞机的制造者的美国莱特兄弟，也是先用风筝进行种种试验，然后制造出滑翔机，解决了升降、平衡、转弯等问题，最后才成功制造出飞机的。时至今日，航空模型依然是研究航空科学的必要工具。每一种新飞机的试制，都要先在风洞里用模型进行试验，甚至连航天飞机这样先进的航空器，也要经过模型试验阶段，取得必要的数据，才能获得成功。

莫扎伊斯基于 1882 年发明的飞机

伴随着 1903 年世界上第一架有人驾驶飞机的诞生，全世界出现了空前的航空热。1905 年，国际航空运动联合会成立，把航空模型列为正式比赛项目。比赛大大提高了公众对航空模型和飞行表演的兴趣，参加比赛和观看比赛

成为最好的户外体育运动之一，并由此逐渐形成了以模型飞机飞行比赛为主体的航空模型运动。

1911 年意大利人首次把飞机用于军事，战争成为飞机发展的巨大推动力。发达国家竞相发展自己的航空事业。而模型飞机是学习航空、研究飞机的最为简捷有效的方法。发达国家把航空模型活动当作普及航空教育、培养航空人才、发展航空事业的基础措施，并形成了有组织、有领导的群众性航模运动。

1903 年，莱特兄弟发明的第一架飞机

20 世纪 20 年代，美、英、法、苏等国已普遍开展了航空模型运动。自 1926 年起，国际航空联合会每年举办国际航空模型比赛。初时仅有橡皮筋动力模型飞机参赛，以留空时间长短决定胜负。当时航空模型的飞行距离不过 2 ~ 3 公里。

从 20 世纪 50 年代开始，国际航空运动联合会对航空模型的竞赛方法作了重大改革，把测定留空时间、飞行高度、直线距离等项绝对飞行成绩的比赛作为航空模型纪录项目，并设立了分类分项更为细致，对模型飞机的尺寸、飞行重量、翼载荷以及动力方面均有严格限制的比赛比赛项目。这些竞赛项

1901 年，莱特兄弟用于飞行测试的自制风洞

目的共同特点是能在较短的比赛时间内，进行多轮次的比赛，从而尽量减少因气候、场地等外界因素的影响而出现的偶然性，能比较真实地反映出比赛者的技术水平。而随着航空技术提高而出现的专为航空设计和生产的小型内燃机和遥控设备，使航空模型得到了发展，不但模型的种类越来越多，比赛项目也不断增加。

20 世纪 60 年代后，航空模型运动在世界各国开展非常普遍。其中航模活动比较活跃的国家有前苏联、美国、匈牙利、联邦德国、瑞典、法国、丹麦、日本、中国、英国、朝鲜等。前苏联的航模活动历史悠久，群众性广泛，早期以研制、试验飞机为主，后来主要以培养青少年热爱航空事业、培养航空工业和空军后备力量主目的，经常参加航模活动的有近百万人。

国际航空联合会徽标

其航模运动的技术水平很高，牵引模型、小组竞速模型、自由飞模型等项目在世界上均名列前茅。在当年公布的 47 项航模世界纪录中，前苏联就占据了其中 18 项。而美国的航模运动水平也相当高，尤其在遥控模型项目上名列世界前列，保持着 15 项航模世界纪录。日本因电子工业很发达，在遥控模型器材的生产方面居世界前列，运动水平较高，曾获得世界冠军。日本的文教省已将航模列入学校教材，成为各级学校学生的必修课。

在很多国家都设有专门指导开展这项活动的组强机构。这些机构

大致有三种形式，一是完全由国家设置的专门组织机构，负责领导全国的航模活动；二是半官方性质的组织机构，领导全国航模活动，对外代表本国参加国际航联，会员自愿参加，活动经费除部分由国家承担外，主要由会员和一些生产航模器材的厂商捐助；此外还有一种形式，就是完全民办性组织的民间团体。除国际活动外，国内航模活动基本属民办性质。

中国校园开展的航模活动

进入 21 世纪以来，航模的世界性比赛更加活跃，项目更加繁多。从这些竞赛情况来看，国际航模运动技术水平已经有了较大的提高，各国的差距在逐渐缩小，竞争十分激烈。尽管国际竞赛规则的难度一再提高，但有些项目的总轮次，获得满分的国家却越来越多。随着科技和工业的发展，航模运动技术水平的提高，对航模的制作、放飞和操纵技术，也必将提出更高的要求。

2. 世界顶级航模赛事

航空模型运动（model airplane flying contest）指以放飞、操纵自制的航空模型进行竞赛和创纪录飞行的航空运动。

航空模型的世界性组织为国际航空联合会属下的国际航空模型委员会，总部设在法国的巴黎，负责安排世界竞赛、修改规则和审批世

航空模型的今天与明天

界纪录等工作。国际航空模型委员会有50多个会员国，中国于1978个10月被正式接纳为会员。

航模的世界性比赛十分活跃，项目繁多，按惯例分为自由飞行、线操纵飞行、无线电遥控特技、无线电遥控模型滑翔机、像真模型和室内模型等九个大项，每个大项都有世界锦标赛，隔年举行一次。竞赛项目有：留空时间、飞行速度、飞行距离、特技、"空战"等，已设有90项世界纪录。

参加 2002 年线操纵航模世界锦标赛的中国航空模型队全体成员

此外还有区域性的比赛，如欧洲、美洲等的洲际比赛以及各国国内的航模赛事。总体来说，较大的国际性比赛，每年达30多次。

全球主要航模赛事

世界航空运动会
世界自由飞航空模型锦标赛
世界线操纵航空模型锦标赛
世界无线电遥控特技模型飞机模型锦标赛
世界电动航空模型锦标赛
世界室内航空模型锦标赛
世界航天模型锦标赛
美国"赛拉杯"自由飞航空模型竞赛
全俄航空模型锦标赛
欧洲遥控特技航空模型锦标赛
亚洲无线电遥控特技航空模型公开赛
中国全国航空航天模型锦标赛

3. 航模运动在中国

在载人航空器出现很早以前，中国的古人就创造了许多能飞的航空模型，不断探索飞行的奥秘。在距今 2000 多年前的春秋战国时期，我们的祖先就制作出能飞的木鸟模型，可谓航空模型的鼻祖。《韩非子》中记载着："墨子为木鸢，三年而成，飞一日而败。"宋朝李昉等人编的《太平御览》中也有"张衡尝作木鸟，假以羽翮，腹中施机，能飞数里"的记载。

鹤形风筝

此外还有被美国国家航空和空间博物馆称为"最早的飞行器"的风筝，被英国和法国的航空先驱者们用来探讨旋翼原理的竹蜻蜓，采用轻于空气的原理实现升空的孔明灯，以及具备火箭升空喷气反应推力原理的"流星"（焰火玩具的一种，也称"起火"），相继在古老的中国出现。他们都是人类早期的航空模型，其中包含的飞行原理为后来载人飞行器的研制开辟了道路。

进入 20 世纪后，飞机开始成为举足轻重的航空器，中国人冯如是利用模型探索航空飞行的早期飞机研制者之一。1905 年国际航空联合会诞生，航空模型被列为其管辖的项目之一，随之成为一项世界性运动。1913 年，"航空模型"一词传入到中国，首次出现在上海《东方杂志》刊登的《飞行雏形制造》的文章中。1920 年，在美国留学的中

国学生桂铭新，曾研究制作出一种航空模型，时间国航空协会举办的航空模型比赛中，以飞行高度400米、留空时间68秒的成绩获得第一名。

2008年，安徽省青少年航空（航天）模型锦标赛室内赛现场

中国较大规模的航空模型运动起步于40年代。1940年10月27日，香港《大公报》和几个文化团体，在香港联合举办了中国首次航模比赛。从1941年起，中国西南地区成都、重庆等地的一些航模爱好者，也开始进行航空模型的展览、表演和比赛。1947年，在南京举行了有南京、上海、重庆、广州、北京、长春、沈阳、武汉、兰州等城市参加的航空模型比赛。

2007年，全国青少年航空航天模型锦标赛贵阳比赛现场

1949年之后，国家大力开展航空模型运动。1951年，中央国防体育俱乐部（后为中国人民国防体育协会）成立后，在短短几年内先后举办了7期全国性的航空模型专职干部和教练员训练班，使这项活动在全国迅速普及起来。有29个市和自治区建立了地立了地方航空模型俱乐部，加强了组织、领导有计划地组织生产了各种型号、规格的航空模型发动机、木片、木条及遥控设备等专用器材，为这项活动的开展创造了良好条件。到1956年，

航空模型活动已基本上普及到全国各大、中城市和部分小城市。

1956年8月10日至24日，在北京举行了1949年以来的首次全国航空模型比赛。从此，每年都要举行一次全国性航空模型比赛，项目不断增加，运动水平不断提高，一些项目相继直上了国际水平。1959年4月6日，在西安举行的一次航空模型创纪录测验中，王珙以22分27秒的成绩首次打破了活塞式发动机模型直升机留时间的世界纪录。20天后，在北京举行的第二届全军运动会上，刘立天又以18.038公里的成绩打破活塞式发动机模型直升机直线距离的世界纪录。同年9月，在北京举行

2002年线操纵航空模型世界锦标赛上，17岁的李闻获得F2B青年组第一名

的第一届全运会上，赵嘉祯和王永熙，又以1260米的成绩，打破了无线电遥控水上模型飞机飞行高度的世界纪录。这一年里，中国航模健儿打破了3项世界纪录。1960年，是中国航空模型运动水平空前提高的丰收年，有14人、共12次打破世界纪录。之后，中国航模健儿对世界纪录不断有所突破。自1959年至1984年间，共有50人50次打破24项航模世界纪录，使中国这项运动一直保持世界先进水平。

1978年10月，中国加入国际航空联合会。1979年10月，中国首次派队参加了在美国加利神福尼亚洲塔夫特举行的世界自由飞航空模型锦标赛中获团体总分第5名。1981年8月，在西班牙布尔戈斯举行的世界飞航空模型锦标赛中，中国航模队获两项团体亚军。一项个人

航空模型的今天与明天

第3名，同时牵引模型滑翔机的团体总分成绩也进入了前8名。1982年7月，在瑞典奥克罗松德举行的世界线操纵航空模型锦标赛中，中国队获两项固体亚军，一项个人第2名。1983年月，在澳大利亚古尔市举行的世界自由飞航空模型锦标赛上，在有18个国家137名选手参加的情况下，中国航模队一举夺得了国际级橡筋模型飞机比赛的团体冠军和国际级自由飞模型飞机的团体第3名，并获得了一些个人项目的好名次。1984年9月，在美国纽约举行的世界线操纵航空模型锦标赛，共有23个国家和地区的208名运动员参加，中国航模队经过顽强拼搏，获得了优异成绩。在国际级这是中国获得个人航模世界冠军。牛安林还获得一项团体亚军和一项团体第4名。中国航模队的出色表演引起了世界各国的注意和重视。

随着中国航空事业的不断发展，航空知识教育日趋受到国家的重视，1992年82万青少年参加的首届"飞向北京"全国青少年航空模型竞赛，给航空模型运动的普及和发展增添了新的活力。进入21世纪后，中国共拥有331名航模运动健将，航模运动员在

2008年，全国航天模型锦标赛
杭州比赛现场

国际比赛中共获得了28项世界冠军，58人59次打破31项世界记录。蝉联线操纵特技航空模型世界冠军的韩新平、牛安林和曾经多次打破世界纪录的郭浩洲、江育林、陶考德、甘彦龙、何伟雄、尹承伯、赵

济和、刘汉茂、李韶昆等一大批优秀航空模型运动员，已永载中国体育史册。

中国航空模型运动的官方管理机构为国家体育总局航管中心航空车辆模型部，由其负责建立比赛体制，制定比赛规则，制定运动员、教练员、裁判员、航空模型社会体育指导员标准和制度。航模运动的技术研究、指导和推广普及等项工作，由各级军事体育学校、航模运动学校、航空运动学校和航模指导站等机构实施。此外，属于教育和科学普及协会系统领导的少年宫、少年之家、科技指导站等组织也担负着上述任务。中国航空模型协会是航模运动的全国性民间组织，下设全国航空模型裁判委员会、全国航空模型教练委员会、全国航空模型普及指导委员会三个工作机构，拥有会员3000多人。

中国航模运动为中国培养了很多航空、航天事业的后备力量和各行各业的优秀的人才。作为他们的代表，例如中国科学院院长、两院院士路甬祥，两院院士、"歼8-Ⅱ"歼击机总设计师顾诵芬，国家发明一等奖和航空金奖获得者高歌教授，空军原科研部副部长、外国军用飞机性能估算专家朱宝鎏，中国第一架喷气式飞机"歼教1"设计师程不时等著名学者，都是航模爱好者，都认为参加航空模型活动对自己的成长和工作具有重要作用。

航空模型的今天与明天

中国历届航空模型世界锦标赛冠军不完全名单

年 份	比 赛 名 称	项 目	冠军获得者
1983	第21届世界自由飞航空模型锦标赛	F1B 团体	吕济发、张文义、王国才
1984	第23届世界线操纵航空模型锦标赛	F2B 个人	朱幼南
1985	第22届世界自由飞航空模型锦标赛	F1A 个人	梁跃
		F1A 团体	梁跃、孙凯、周耀东
1987	第23届世界自由飞航空模型锦标赛	三项团体	中国航空模型队
		F1B 团体	中国航空模型队
1988	第24届世界线操纵航空模型锦标赛	F2B 团体	中国航空模型队
		F2B 个人	张向东
1991	第25届世界自由飞航空模型锦标赛	F1C 团体	张春楠、王伟、王显
1994	第27届世界线操纵航空模型锦标赛	F2B 个人	韩新平
		F2B 团体	韩新平、牛安林、王建忠
1996	第28届世界线操纵航空模型锦标赛	F2B 个人	韩新平
		F2B 团体	韩新平、牛安林、王鸿炜
1998	第30届世界线操纵航空模型锦标赛	F2B 个人	韩新平
		F2B 团体	韩新平、牛安林、王鸿炜
2000	第31届世界线操纵航空模型锦标赛	F2B 团体	韩新平、牛安林、张伟
		F2B 个人	韩新平
2002	第32届世界线操纵航空模型锦标赛	F2B 个人	韩新平
		F2B 团体	韩新平、牛安林、张伟
		F2B 青少年	李闻
2004	第15届世界航天模型锦标赛	S4 团体	牛晓斌、卢征、张学祥
		S8 团体	牛晓斌、卢征、张学祥
2006	第16届世界航天模型锦标赛	S8D 个人	王辅南
		S8D 团体	王辅南、吴江、王晓庚
2008	第17届世界航天模型锦标赛	S8D 个人	郭兆峰

中国国内主要航模赛事

全国航空航天模型锦标赛

比赛性质：全国最高水平的比赛。

比赛项目：每年规程规定，一般多为国际级项目。

比赛间隔：每年一次。

主办单位：国家体育总局航管中心。

参赛单位：省、自治区、直辖市、计划单列市、行业体协、大专院校、航空航天企事业单位、中国航空运动协会团体会员单位。

参赛资格：中国航空运动协会会员

全国青少年航空航天模型锦标赛

比赛性质：全国青少年最高水平的比赛。

比赛项目：每年规程规定，一般多为中级和国际级项目。

比赛间隔：每年一次。

主办单位：国家体育总局、教育部、中国科协、共青团中央、全国妇联。

参赛单位：省、自治区、直辖市、计划单列市、行业体协（或行业体协指定的基层单位）。

参赛资格：普通中小学学生（或初中毕业进入技校的学生，含当年毕业生），同时又是中国航空运动协会会员。

航空模型的今天与明天

"飞向北京"全国青少年航空航天模型比赛

比赛性质：全国青少年主题命名比赛。

比赛项目：每年规程规定，一般多为初、中级指定模型。

比赛间隔：两年一次。

主办单位：国家体育总局、教育部、中国科协、共青团中央、全国妇联。

参赛单位：省、自治区、直辖市和其他经全国竞赛办公室认可的单位。

参赛资格：普通中小学学生（或初中毕业进入技校的学生）。

4. 蓬勃发展的航模工业

航模作为一种高科技活动，是伴随着国家的经济和航天的发展而发展的。由于航模市场的局限和特殊性，航模只被一些先知先觉的人所驾驭，成了获得利润的很大的武器。但这已是 20 世纪以前的事情了。随着现代电机和电调的发展及成本的降低，航模玩具已经有了普及化的趋势，老中青年人都能够拿起遥控器操作自己想要的机型。从这个意义上来说，这是一种健康的休闲娱乐工具。但是它又具有科技的知识，所以对发烧友来说动手来做又锻炼了他们的动手能力，也让他们不知不觉中掌握到了很多航模方面的知识。所以航模的市场是巨大的，它的趣味性和科技的发展是相辅相成的。

航模在全世界都拥有巨大的市场潜力，特别是随着时代的进步，生活水平的不断提高，电动遥控航模有着非常好的机遇。1993 年，中

国第一家航模生产企业在珠海诞生，最初不过是仿造外商的航模飞机。珠海气候宜人，一年四季适合放飞航模，并且以这里为中心，辐射开去，粤港澳均有大批航模发烧友，发展航模产业条件得天独厚。

珠海，发展航模产业条件得天独厚

随后不少企业看准这一新领域，纷纷上马相关产业。最高峰时有50多家同类型企业在珠海生产航模，产品主要出口海外，最多时曾占据国际市场60%多份额。珠海在航模界

的国际知名度悄然形成。全国最大的10家航模生产企业有6家落户珠海。珠海市有各类飞行航模发烧友2000多人，航模价值从几百元到30多万元不等。这样的群体如果有平台组织活动，并且提供产品部件供应链，保证摔机有维修，部件有更换，市场供求将逐步稳定。继而放眼全国，这种需求将是极为庞大的。

从1996年开始，中国航模爱好者队伍开始以每年30%的速度迅速增长，也推动了中国航模产业的发展。1994年国内能买到的最便宜的航模是4000元的进口产品，如今同样质量的国产产品只要1000元。价格的大幅回落意味着玩航模的门槛大大降低，消费人群的激增和可预见的市场潜力似乎预示着一项朝阳产业的诞生。

中国是航模运动小国，却是不折不扣的航模生产大国。中国在全球航模市场份额占有率为75%以上，为全球第一大航模出口国。据估计，仅固定翼航模中国的产量在国际上就占到了90%。中国航模生产

企业从 1994 年的 1 家到 1996 年的四五家再到今天的大大小小 300 家，可以说经历了直线上升阶段。但事实上模型厂商的生存基本依靠海外订单，几乎所有企业都是国外品牌的 OEM 厂商（用外国的品牌和技术，在中国生产加工）。保守估计，海外订单占到了中国航模企业生产额的 92%，在带来迅速繁荣的同时也隐藏着重重危机。

在中国大陆大量接受海外订单之前，国际上主要的 OEM 厂商集中在韩国和台湾，劳动力和成本的优势使中国大陆取代了前者，但目前海外订单向越南、泰国、印度、俄罗斯转移的倾向越来越明

2000 年"CCTV 网站"杯航空模型友谊赛，段志勇获得 P3A 级别第一名

显，同样一架航模在越南生产的成本比中国最少低 30%，订单外流给中国航模厂商带来的灾难性后果不言而喻。

但是可喜的是，有越来越多的人坚持自主研发得以使航模企业在国际市场安身立命。比如，航模燃料甲醇 1 升要 50 元钱，每天飞 3 个小时就要"烧"400 元钱，而 1 升汽油只有 4 元多。2006 年，航模冠军段志勇组成科研小组，开发成功了烧汽油的航模发动机，并且比国际同类产品重量更轻，吸引了美国哈比克等品牌上门要求做销售代理，这在中国航模业中实属罕见。有人说，将会把汽油发动机航模卖得和甲醇机一样便宜，在立足国际市场的同时也在中国培养出更大的消费群体。

此外，两年一届的珠海航展不仅吸引了来自世界近 30 个国家和地

区的生产供应商，也吸引了世界各地的航模买家（这之中包括8万专业观众和20多万的社会观众）。以"神六"为代表的最先进的航空、航天器，与品质众多的航模同时展出，特别是精彩的飞行表演，形成了真实与模拟的互动。航展上的航模展，一方面向世界各国展示我们的航模业水平；另一方面，与来自世界各地的航空航天界人士、航空航天爱好者做面对面地交流，以推动中国的航模产业发展。

5. 未来航模运动展望

中国科学院院长、全国人大副委员长路甬祥教授曾说："航模活动对培养一个人的科技创新意识、动手能力非常有帮助。航模不但使我在中学

前苏联飞机设计师雅可夫列夫（左）、图波列夫（中）和米高扬（右）在参观一个展览会

时代就了解了图波列夫、米高扬、雅可福列夫等科学家，使我对科学充满了向往和憧憬，更使我增加了许多空气动力学、飞机模型结构工艺方面的知识，现在回想起来，真是受益无穷。希望通过航模科技兴趣活动的开展，为祖国的建设事业培养出有用之才，让素质教育结出丰硕之果"。

当今社会人才的竞争已不是单方面的文化竞争，而是包含了科学技术、坚强的意志、广泛的知识、创造性思维等多方面的综合较量，

航空模型的今天与明天

航模活动是国家体委正式批准的一项军体竞赛项目，也是一些喜欢飞行喜欢飞机爱好者们的发烧对象，同时也是包含了各门学科最多一项的综合体育运动，深受广大青少年喜爱，如果在青少年时期就参加航模科技活动那么就可以很好地促进孩子们在：德、智、体、美、劳、等方面的全面发展。而航模正是培养孩子这些综合素质的良好方式。

当今的世界，科学技术的突飞猛进，人人都需要提高学习质量、学习效率，这就必须掌握科学用脑的诀窍，航空技术是当今世界最尖端技术的结晶，其中包括空气动力学、材料学、机械、制造工艺、发动机构造原理、无线电技术等等，并且在学习过程中逐步了解和掌握各种科技知识。航模事业的普及更是已经升华为一个国家富强文明的明显标志。

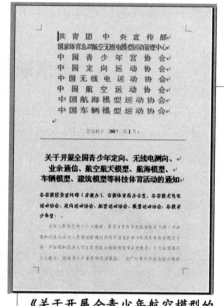

《关于开展全青少年航空模型的科技体育活动的通知》文件图影

胡锦涛总书记曾向全国青少年发出了具有鲜明时代特征的要求："勤奋学习、快乐生活、全面发展。"随后，团中央、国家体育总局航管中心等八部门联合下发《关于开展全国青少年航空模型的科技体育活动的通知》，以期建立启迪青少年智慧、发展青少年潜能、陶冶青少年情操、提高青少年科技素质、促进青少年全面发展、为青少年展示才华的大舞台！

第四章　航模界牛人大搜索

那些异想天开的构思，那些不可思议的作品，那些一往无前的精神，那些牛气十足的举动，那些牛人们！望尘莫及吗？不，后浪推前浪，自会望其项背的。现在，且看这些牛人们到底怎么样吧。

1. 制作木鸟的墨子和鲁班

山东滕州墨子像

墨子，名翟，春秋战国时思想家、教育家、军事家，墨家学派的创始人。曾提出"兼爱"、"非攻"等观点，创立墨家学说，并有《墨子》一书传世。墨学在当时影响很大，与儒家并称"显学"。

据说，墨子曾在鲁山（今山东潍坊境内），"斫木为鹞，三年而成，飞一日而败"。这是说墨子研究试制了3年，终于用木材制成了一只木鸟，但只飞了一天就坏了。墨子制造的这只"木鹞"（或"木鸢"），是人类早期的模型飞行器，距今已有2400年。

鲁班，姓公输，名般。又称公输子、公输盘、班输、鲁般、鲁班。与墨子为同时代人，出身于世代工匠的家庭，从小就跟随家里人参加过许多土木建筑工程劳动，逐渐掌握了生产劳动的技能，积累了丰富的实践经验，后来在机械、土木、手工工艺等方面有诸多发明，而被历代建筑工匠尊为"祖师"。

根据《墨子·鲁问篇》记载，鲁班也曾之作过"木鸢"、"木鹊"、"竹鹊"之类的模型。他把竹子劈开削光滑，用火烤弯曲，做成了喜鹊的样子，称为"木鹊"，在空中飞翔达三天之久。《鸿书》上说："公输班制木鸢以窥宋城"，则是航空模型最早作为军事工具，用于三角测量信号、天空风向测查和通讯的记载。

工匠始祖鲁班

类似的制造木鸟的活动，可能一直在能工巧匠中延续，据说汉代大科学家张衡也曾参与其中。其间，制作材料也逐渐由竹、木过渡到更加轻巧的竹绸组合或纸竹组合。至东汉期间蔡伦发明造纸术后，坊间开始以纸做"纸鸢"（早期的风筝）。因此可以推断，后来的风筝应该与早期的模型木鸟有某种渊源关系。

2. 大将韩信与大臣李邺

汉初大将韩信，被认为是风筝的发明人。根据唐朝《事物纪原》的说法，垓下之战刘邦的大军把项羽士兵团团围困，到了晚上韩信用牛皮造了一个大风筝，让身材矮小的张良坐在风筝上，然后将风筝放飞到楚军大营的上空。坐在风筝上的张良吹奏起楚国的歌曲，以此瓦解敌方军心。元代林坤《诚斋杂记》中记录了另一则关于韩信使用风筝的说法。韩信准备联合陈豨谋反刘邦，"乃作纸鸢放之，以量未央宫远近，欲穿地下入宫中"，这可能是风筝用于军事测量的最早实例。

雕塑 大将韩信

南北朝时风筝开始用于军事联络。公元549年，南梁武帝时，侯景发动叛乱，包围了皇宫，太子萧纲和大臣羊侃"做纸鸢，飞空告急于外"，不料纸鸢被侯军误为妖术而射落，求援因此失败。公元782年，唐朝临洺守将张伾被田悦围攻时，曾放出风筝升高"百余丈"，向外界求救，终于联络到援军前来救援。公元1100～1300年间，宋与金交战中，宋军曾使用过由油纸和透明织物制作、靠风吹胀并点有蜡烛发光的龙状风筝，用于吓退敌军和发出军事信号。

航空模型的今天与明天

唐代中期，风筝的功能开始由军事转向娱乐。五代时期汉隐帝的大臣李邺，是众多风筝爱好者中的一位。他将风筝材料从昂贵的丝绸转向大众化的纸质材料，从而使风筝在民间得以广泛流传。据说"风筝"的得名，也与他有关。李邺闲暇之余，常以线放纸鸢为

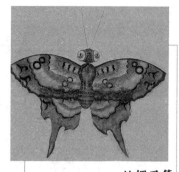

丝绸风筝

戏，并且别出心裁地在纸鸢头部安装竹笛，"使风入竹，声如筝鸣，故名风筝"。后来，纸鸢即使不再安装竹笛，"风筝"的叫法却固定了下来。

3. 诸葛亮和莘七娘

天灯又称孔明灯

相信传统元宵节的灯彩，给我们每个人都曾带来过美好的的回忆。但这里让你更加感兴趣的，可能是在很久以前中国人就已经把灯笼玩上了天这件事。

这种可以飞升的灯笼被称作"天灯"，又叫飞灯、云球、孔明灯，相传是三国时诸葛亮（字孔明）发明的。当时，诸葛亮被司马懿围困于阳平，无法

派兵出城求救，便算准风向，制成会飘浮的灯笼，系上求救的信息发

出，其后果然脱险。后世便把这种灯笼称为孔明灯。另有人认为，孔明灯得名于灯笼外形像诸葛亮的帽子。

七夕放飞孔明灯

其实早在西汉初年，淮南地区就曾有人做过尝试。他将鸡蛋钻一个小眼，掏空蛋黄蛋清，把空壳放在火苗上空，风借火势将蛋壳浮向空中。这应该是关于天灯和热气球的最原始的试验了。不过后来，可能是因为诸葛亮的灯笼更成型一些，他本人的名气也更大一些吧，所以天灯还是以他的名字命名了。

孔明灯的结构可分为灯罩与支架两部分，灯罩大都用竹片编成，呈圆桶形或长方形，开口朝下，外面糊以薄白纸或棉纸。底部的支架以竹篾搭成，支架中间绑上一块沾有煤油或花生油的粗布或金纸。放飞前将油点燃，燃料燃烧使周围空气温度升高，密度减小上升，从而排出孔明灯中原有空

诸葛亮

气，使自身重力变小，空气对它的浮力把它托了起来，放手后整个灯会冉冉飞升空。天气不错的情况下，孔明灯会在底部的煤油烧完后自

动下降。

五代时期出现一种用松脂作燃料的孔明灯——"松脂灯",也叫"灯球"。传说这种灯笼是由莘七娘发明的。当时莘七娘随丈夫一起入闽作战,在生活实践中发现空气加热后产生升力的道理,于是用纸糊成减少阻力的球形物体,在物体内放置便于获取又便于安放的固体松脂。当松脂点燃后使球内空气逐渐加热,最终使球体飞升起来。

到了元朝时,军队在作战中使用不同颜色的松脂灯作为互相联络的信号工具,已经很普遍了。当时的元朝宫廷,每逢节庆日也都会放出热烟气球升空助兴,这说明中国民间的热气球制作和运用已经相当成熟。而在欧洲,直到18世纪后期,气球才得以发明。

4. 利用火箭飞行的万户

万户,又称万虎,明代初期人,出身工匠世家,祖父和父亲都曾是明朝政府火箭作坊里的高级技师。继承了父辈衣钵的万户,也同样精于工艺技术,在明朝军队中从事作战用具特别是火箭武器的改良工作。

明代工匠万户,又称万虎

万户曾收集所有关于风筝和火箭的文献资料,反复研究了鲁班和张衡的滑翔试验的记载,试图设计制造出一种能够实现高空飞翔的工

具。根据文字记录推测，这很可能是一架间歇喷射推进的动力滑翔机。而这台飞行器的发明和之后的飞行试验，据说都和一段友情有着莫大的关系。

万户最先是因为工艺技能高超而受到班背将军的赏识，并在后者的推荐下获得军职提升。后来，和万户相交甚好的班背将军受到陷害，被幽禁在京郊拒马河上游的深山鬼谷中。万户决定利用将军留下的《火箭书》，造一只"飞鸟"去营救好友。但不久之后将军即被政敌杀害。失去知己的万户因此厌恶了官场和人世间的生活，于是谋划着逃离是非官场和人间，决定到月球上去生活。

雕塑"万户飞天"

在一个月明如盘的夜晚，万户来到一座高山上，准备实施他的"登月计划"。他先在一个木制构架的背后，装上47枚当时能买到的最大火箭。并把自己捆绑在本构架前边的椅子上，两只手各拿一个大风筝。按照这种方案，他会先借助火箭向上的推力实现升空，然后再利用大风筝的浮力带自己飞向月亮。

安排好一切之后，他让仆人同时点燃47枚大火箭。在火箭发出的轰响中，万户和他的飞行器拔地升起，冲入半空。然而，升空后的飞行器并没有按着万户预先的设想在空中飞行，而是竟直栽落下来，沉重的摔在山脚下，造成了箭毁人亡的悲剧。

这个故事后来被记载为"万户飞天"。美国火箭学家赫伯特·S·基姆在其 1945 年出版的《火箭和喷气发动机》一书中认为，万户实施了人类有史以来的第一次"登月计划"。尽管这一计划个人色彩浓厚，使用的工具还是原始的固体火箭，试验结果也以失败告终，但是万户以自己的生命为人类探索航空航天事业留下了一座非人工所能建造的里程碑。20 世纪 70 年代举行的一次国际天文联合会上，人们将 1959 年在月球背面发现的一座环形山命名为"万户山"，以纪念这位"人类第一个试图利用火箭飞行的人"。

5. "航空之父"乔治·凯利

英国人乔治·凯利爵士，是公认的"飞机的创始人"。他为重于空气的航空器创立了必要的飞行原理，而在这之前，航空是"一门在公众眼中接近于荒谬可笑的科学"。

乔治·凯利一生中设计了多架滑翔机，并进行过载人试飞。在他 23 岁的时候，乔治·凯利曾制造过一个直升机模型，并在随后的日子里通过研究鸟的推动力，多次制造出改进型的滑翔机原型机。他曾研究了风筝和鸟的飞行原理，于 1809 年试制了一架滑翔机，但在后来的试验中被撞毁了。

1847 年，已是 76 岁的凯利制作了一架

英国"航空之父"
乔治·凯利

大型滑翔机，两次把一名 10 岁的男孩子带上天空。一次是从山坡上滑下，一次是用绳索拖曳升空，飞行高度为 2～3 米。4 年后，由人操纵的滑翔机第一次脱离拖曳装置飞行成功，凯利的马车夫成为第一个离地自由飞翔的人，飞行了约 500 米远。

凯利对飞行原理、空气升力及机翼的角度、机身的形状、方向舵、升降舵、起落架等都进行了科学的研究和试验，他首次把飞行从冒险的尝试上升为科学的探索，也因此被称为"航空之父"。他主要的理论反映在其著作《关于空中的航行》中。这本书在航空发展史上占有重要的地位，100 多年来，一直被翻印转载，被后人视为航空学说的经典。

1881 年，法国人穆亚尔在其出版的著作《空中王国》中，提出固定翼滑翔机的思想，把乔治·凯利的思想进一步发扬光大。1912 年，飞机发明人之一的奥维尔·莱特曾说，他们的成功完全要感谢这位英国绅士在 100 年前写下的重于空气的飞行器的理论。他说，"乔治·凯利爵士所知道的有关航空原理可以说前无古人、后无来者，直到 19 世纪末叶，他所出版的作品毫无错误，实在是科学史上最伟大的文献。"奥维尔的兄弟威尔伯·莱特也说，"我们设计飞机的时候，完全是采用凯利爵士提出的非常精确的计算方法进行设计计算的"。

1857 年 12 月 15 日，凯利在约克郡布鲁姆顿去世。临终前不久，他曾写下这样两句话："给你，查看笔记的朋友！我已去了，愿你在这些涂鸦中寻找出智慧的火种。"

航空模型的今天与明天

6. "最伟大的老师" 李林塔尔

德国人奥托·李林塔尔是世界公认的"滑翔机之父"。最早的可操纵滑翔机便是由他发明的。从 1891 年到 1896 年，李林塔尔先后制造了 18 种不同的滑翔机，其中有 12 种是单翼机，6 种是双翼或多翼机。他的滑翔机除了翼面积的大小和布局不同外，机翼形状几乎是一样的，很像天空中飞行的大鸟的翅膀。

李林塔尔还善于创制仪器，进行航空实验来验证观察的结果。他注意积累数据，总结经验，纠正了前人"多层叠置窄条翼"的片面做法，第一次提出了"曲面机翼比平面机翼升力大"的观点，为后来飞机的发明成功作出了决

李林塔尔的滑翔机

定性的贡献。他所著《鸟类飞行是航空的基础》一书，被后来的飞行探索者奉为经典之作。

1891 年，李林塔尔制成一架蝙蝠状的弓形翼滑翔机，成功地进行了滑翔飞行。1894 年，他从柏林附近的悬崖上起飞，成功地滑翔了 350 米。这是当时世界上最远的滑翔距离记录，也是航空史上最早的飞机性能记录之一。在 1893 到 1896 年的三年内，李林塔尔进行了 2000 次以上的滑翔飞行试验，三次改进总体布局，滑翔中又拍了许多

照片，积累了大量数据，并以此编制了《空气压力数据表》，给美、英、法等国的飞机制造者们提供了宝贵的资料。

李林塔尔进行滑翔飞行

但是李林塔尔过于重视升力，而忽视了对机器的操纵。他认为改变身体重心的位置是保持滑翔机稳定的唯一办法，这一失误对他来说是致命的。1896年8月9日，他驾驶滑翔机在里诺韦山遭遇强风而坠落，在他还未来得及将重心前移以使滑翔机低头之前，便和飞机一同坠落到了地面。次日辞世，年仅48岁。德国人为了纪念他的功绩，为李林塔尔树立了一座纪念碑，上面写着"最伟大的老师"。而他留给后人的最后一句话是："要想学会飞行，就必须作出牺牲。"

李林塔尔虽然死了，但他给后人留下的遗产是巨大的。后来的飞行探索者，包括第一架动力飞机的发明者莱特兄弟，都从李林塔尔的研究试验成果和勇敢探索精神中吸取了宝贵的经验。

7. 飞机的发明人莱特兄弟

威尔伯·莱特和奥维尔·莱特兄弟俩，是美国俄亥俄州一名牧师的儿子，他们从少年时代起就对飞行十分感兴趣。1895年他们开了一间自行车修理和制造作坊，并开始研究和制造飞机。兄弟俩没有受过高等教育，但他们虚心好学，十分重视理论和实践，阅读了大量的空气动力学方面的文献，为了读李林塔尔的著作，他们自学了德文。1899 年，哥哥威尔伯·莱特向史密森学会索取了大量的有关航空的书籍和文章，进行了系统的研究。

威尔伯·莱特(左)和奥维尔莱特兄弟

在总结前人的经验和教训的基础上，莱特兄弟开始了他们的滑翔飞行试验。从 1900 年至 1902 年，他们先后制造了 3 架滑翔机，进行了上千次的飞行试验，每次都详细地记录了不同情况下的升力、阻力、速度等数据，并对操纵进行了反复的改进。1901 年 9 月，莱特兄弟自己设计了一个小型风洞，用来精确测量气流吹到薄板上所产生的升力，并自己设计制造出了测量升力和阻力的仪器。

1902 年，兄弟俩设计出了他们的第一架飞机，但在当时却没有哪一个公司愿意冒险制造航空发动机和螺旋桨，于是莱特兄弟只有自己动手了。他们首先设计出图纸，然后在自行车技师泰勒的帮助下，花了 6 个星期的时间制造出了一台 12 马力的活塞式发动机。这台发动机有 4 个汽缸，采用水冷方式，其总重（包括附件、水和燃料）约为 91

千克。至于螺旋桨，当时根本没有什么数据资料或是计算公式可以供莱特兄弟参考，他们也只得从头开始研究理论。经过艰苦的努力，终于制造出了一种效率比较高的螺旋桨。

莱特兄弟的"飞鸟一号"

1903 年 12 月 17 日，莱特兄弟制造的第一架飞机——"飞鸟一号（flyer－1)"，出现在北卡罗来纳州的基蒂霍克海滩上。它的机身骨架和机翼都是用又轻又牢的枞

木和桉木制成的，螺旋桨也是枞木的，弯曲的机翼上蒙着薄薄的但十分结实的棉布。飞机的长度为 6.5 米，翼展 12.3 米，整架飞机的重量为 280 千克，飞机完全靠螺旋桨的推动力起飞。

这一天里，"飞鸟一号"总共进行了 4 次飞行。第一次试飞是由弟弟奥维尔驾驶的，飞机摇摇晃晃在空中飞行了 12 秒钟，在 36 米远的地方降落下来。第四次飞行由哥哥威尔伯驾驶，飞机在空中飞行 260 米，历时 59 秒。这 59 秒虽然很短暂，但却是得到公认的人类第一次自由飞行。威尔伯·莱特和奥维尔·莱特兄弟俩的名字，也因此在人类飞行史册里大放光芒。

航空模型的今天与明天

8. 中国航空先驱者冯如

冯如，中国早期飞机设计师、飞行家，1883 年 12 月 15 日生于广东恩平县。12 岁时，因生活所迫随亲戚赴美国旧金山谋生。

当莱特兄弟发明飞机不久，冯如就坚定了要依靠中国人的力量来制造飞机的决心。他得到当地华侨的赞助，于 1907 年 9 月在旧金以东的奥克兰设立飞机制造厂。第二年 4 月，造成了第一架飞机，但试飞失败了。冯如毫不灰心，又精心研究，修改设计三四次，造成了第二

中国第一位飞机设计师冯如

架飞机。1909 年 2 月试飞，只飞起来几丈高就摔了下来，又失败了。可贵的是，冯如决不向困难低头，而是更加努力，研究飞鹰的动作，

冯如(坐者)在广州燕塘试飞前与徒弟合影

修改了十几次，第三架飞机终于试飞成功。

1909 年正式成立广东飞行器公司，冯如任总工程师。公司于当年便投入制造飞机，并于同年 9 月 21 日在奥克兰的派德蒙特

再一次制造家兼飞行家冯如试飞成功。这次试飞的消息由《旧金山观察者报》作了头版报道。1910 年 10 月至 12 月，冯如在奥克兰进行飞行表演大获成功，并受到孙中山先生和旅美华侨的赞许，同时获得美国国际航空学会颁发的甲等飞行员证书。

1911 年 2 月，冯如谢绝美国多方的聘任，带着助手及两架飞机回到中国。辛亥革命后，冯如被广东革命军政府委任为飞行队长。

1912 年 8 月 25 日，冯如在广州燕塘飞行表演中失事牺牲，年仅29 岁。他的遗体安葬在黄花岗，被追授为陆军少将，并立碑纪念，被尊为"中国始创飞行大家"。

9. 飞机设计师雅科夫列夫

亚历山大·谢尔盖耶维奇·雅科夫列夫，前苏联著名飞机设计师，对前苏联航空业作出过巨大贡献。他设计的飞机操纵简单，气动性能好，先后有 75 种雅克型飞机投入批生产，总产量约 66000 架。他领导设计的机种范围广，包括歼击机、截击机、轰炸机、教练机、体育运动飞机、垂直起落飞机、直升机和旅客机。重要机型有雅克－3、雅克－9、雅克－17（苏联第一种喷气式歼击机）、雅克－18、雅克－24（苏联第一种直升机）、雅克－25（苏联第一种全天候截击

雅科夫列夫

机）、雅克－36（苏联第一种垂直起落飞机）、雅克－40 和雅克－42（3 发动机喷气客机）。因为航空事业上的贡献，雅科夫列夫曾获得八枚国家勋章和一枚国际航空协会金质奖章。

雅科夫列夫能取得这样的成就，与他青少年时期就勤于动手、热爱航空有很大关系。

1914 年，9 岁的雅科夫列夫进入斯特拉霍夫私立男子中学学习。他曾当过学生文艺史杂志的编辑和话剧组的成员，却对技术小组最感兴趣。起初他醉心于参加无线电小组的活动，后来转向航空模型和滑翔机制作。

1923 年，雅科夫列夫中学毕业，最大愿望就是当一位飞机设计师。他从报纸上看到一则通告，得知 1923 年 11 月间将在克里木举行全苏首次滑翔机竞赛，便抱着满腔热情去

雅克-15改进而来的雅克-17歼击机

拜见竞赛的组织者——当时前苏联著名的飞行员兼设计师阿尔采乌洛夫。阿尔采乌洛夫热情地接见了他，并将他安排当飞行员安诺申科的助手。由于雅科夫列夫工作异常积极努力，因此被派到克里木参加首次滑翔机竞赛。由尼古拉·德米特里耶维奇·安诺申科设计，雅科夫列夫参加制造的滑翔机"蛮猴"，由于尾翼太重，仅飞行了数米便掉了下来。虽然这次滑翔机竞赛失败了，但这种不是借助任何航空发动

机，而仅仅靠滑翔机完善的性能和飞行员熟练的技巧的飞行，却给他留下了深刻印象。从此，雅科夫列夫坚定不移地选择了航空这一职业。

雅克-36垂直起降飞机

首次全苏滑翔机竞赛之后，雅科夫列夫就产生了亲自尝试设计一架滑翔机的念头。在空军学院学员谢尔盖·弗拉基米罗维奇·伊留申

的帮助下，雅科夫列夫学习了许多设计滑翔机的技术知识，独自做完了滑翔机的全部计算并绘完了全部图纸。随后他来到了毕业不久的母校，在那里组织滑翔机小组来完成滑翔机的制造。有 15 个同学参加了他组织的滑翔机小组，他们从航空工厂领到了航空材料。所有滑翔机用的零件，都是他们自己动手用手工制造的。经过数月的努力，他们制造的滑翔机成功了，并通过了专门委员会的鉴定，被允许参加全苏第二届滑翔机竞赛，同学们都兴奋异常。

竞赛的这一天，他们把滑翔机牵引到起飞线。经过技术委员会彻底检查后，驾驶员坐到座舱里，一见起飞信号，滑翔机即开始滑跑，飞向空中。驾驶员对他们设计制造的这架滑翔机很满意。人们确认，这架滑翔机的结构设计是成功的。雅科夫列夫因此得到了 200 卢布的奖金和一张奖状，这次成功是对他极大的鼓舞。一年以后，他又设计了一架新型滑翔机。

1924 ～ 1926 年，雅科夫列夫在茹科夫斯基空军工程学院飞行支队

当机械兵，1927～1931 年在茹科夫斯基空军工程学院学习。1932 年起历任莫斯科缅任斯基工厂工程师、轻型飞机设计局总设计师，在此期间，他设计了第一架飞机，并创造了两项轻型飞机的世界纪录。1935年7月12日，他设计的轻型飞机雅克－2被斯大林所欣赏，此后共生产了7240架。第二次世界大战前夕，他设计了一种双发动机轰炸机，时速达到567千米。苏联卫国战争期间所使用的歼击机，三分之二为雅科夫列夫所设计，雅克歼击机产量高达36000架。这个时期，他还在原雅克－3歼击机的基础上，设计改制成装有涡轮喷气发动机的歼击机，试飞一举成功。1940年，雅科夫列夫就任前苏联航空工业部副部长，1946年，他被授予工程上将军衔，1956年获特级飞机设计师称号。

10. 从小酷爱航模的航空专家叶正大

叶正大，叶挺将军长子，广东惠阳人，出生于1927年。俄罗斯齐奥可夫斯基宇航学院国际院士、西北工业大学兼职教授、高级工程师，中将军衔。作为新中国培养的第一批航空专家，他曾参与了五

叶挺全家合影:从左到右依次为叶挺、长子叶正大、次子叶正明、四子叶华明、长女叶扬眉、次女叶剑眉、夫人李秀文(怀抱七子叶正克)

种型号飞机设计、研制的组织工作。在航空科技领域的卓越贡献，曾获国家科技进步特等奖，国家科学技术进步二等奖，中国人民解放军军事科学研究成果一等奖、二等奖，1998年获中国人民解放军"胜利"功勋奖。

少年时代的叶正大从小就酷爱航模，喜欢玩玩具飞机。叶正大读初中时，他经常自己动手用白木薄片自制飞机模型。他还经常对父母亲说，长大了要当一个飞机制造师，让大家都有飞机坐。他的母亲李秀文见儿子热衷于制造飞机，为了培养孩子的这一兴趣，母亲特意托人去香港先施公司买了一些制造飞机模型的图和薄木片。在叶家的玻璃窗里，摆满了儿子叶正大制造的木片飞机。

一天，小正大带着自己制造的模型，并邀请妈妈和客人到屋外的草地上一起去看他放飞。妈妈、客人及弟妹们一起来到草地上，只见小正大轻轻地拨动滑车，那一尺多长的白木小飞机便腾空而起，还在天空打了几个回转。见此情景，妈妈、客人和弟妹们一起拍手叫好。

当飞机落到地上时，小妹妹叶剑眉立即跑上去，一把将飞机抢到手里就跑。而正大则高声说："剑眉，你别弄坏了，快给我，这飞机飞得不够高呢！等我回去还改装一下，让它飞得更高更远。我们就可以坐上它去见爸爸了。"剑眉听说要见爸爸，才停下脚步，把飞机交给了哥哥。

1948年，叶正大多年的梦想终于实现了，他从东北赶赴前苏联留学，进入莫斯科航空学院飞机设计与制造专业学习。叶正大学习航空并非单纯是凭兴趣，而是出于祖国的需要。早在延安时期，叶正大目

叶正大将军近影

航空模型的今天与明天

睹了当时的延安几乎没有工厂，更谈不上制造飞机了，那时延安最高级的工厂就是火柴厂，往返于重庆与延安之间的飞机都是美国空降飞机。有着远大抱负的叶正大早已想到新中国建立后需要有自己的飞机，有自己的航空业。而今叶正大的梦想就要变成现实了，他深知作为新中国培养的第一批航空专家身上肩负的重任。因此，在莫斯科航空学院学习的叶正大，一天没有忘记刻苦学习。

1950年，毛泽东主席和周恩来总理到莫斯科访问时，在中国驻苏联大使馆举办的春节联欢晚会上接见了叶正大等22位新中国首批留苏学生。毛泽东主席为叶正大题词"建设中国强大空军"。

1955年，叶正大以优异成绩从莫斯科航空学院毕业后，立即投入到新中国的建设洪流之中，他始终牢记毛主席和周总理的教导，开始了新中国自己造飞机的研制工作。他曾参加了我国第一架曾获得国家科技进步奖的高空高速歼击机的设计工作，其后一直负责领导着中国的航空事业。

11. 获得10次世界航模冠军的韩新平

韩新平，1983年入新疆航空模型队，1992年入选国家队并首次参加世界锦标赛。1994年~2006年先后十一次夺取全国航模锦标赛F2B项目个人冠军，四项团体冠军；1994年、1996年、1998年、2000年、2002年连续五届获得世界航空模型锦标赛F2B项目个人和团体冠军；1994年被新疆维吾尔自治区人民政府授予劳动模范光荣称号并记一等功，六次被国家体育总局授予体育运动荣誉奖章。

世界航模冠军韩新平(前一)

韩新平是一个温和的人，但是只要一提到他所钟爱的航模事业，他就立即像换了个人似的。"可以说，我从小就有一个飞行梦。那还是在读中学的时候，我从附近材料厂找了些废料，做了一架弹射飞机参加了学校的航模表演，赢得了学校老师的称赞。"就是这次小小的成功，让韩新平从此与航模结下了不解之缘。

1984年3月，韩新平如愿以偿地调入自治区体训二大队，接受线操纵特技项目的专项训练。"其实，线操纵是一个看似简单却很难出成绩的项目。专家们的看法是，没有三四年的苦练，压根不可能进入全国前15名，当时我的压力可想而知。第一年在河南上街航校集训

时，我真的是豁出去了，一般专业运动员训练量是一年飞500个起落，那一年我飞了1500多个起落，另外还做了两架模型。我当时的想法很简单，就是笨鸟先飞，一年当作三年来用。这种日复一日的艰苦训练真的很累，所幸对航模的热爱最终帮助我坚持了下来。"功夫不负苦心人，这种大运动量训练很快就收到了效果，在当年举行的上海全国锦标赛上，韩新平出乎意料地拿到了第9名的好成绩。初战告捷，让韩新平喜出望外，更让他坚定了自己的人生选择。

在经过整整十年的酝酿后，韩新平终于用辛勤汗水酿出了最美的甜酒。在1994年上海举行的世界线操纵航空模型锦标赛中，韩新平力挫群雄，在争夺激烈的F2B——线操纵特技飞行比赛中夺得个人冠军，同时与王建忠、牛安林合作，为中国队夺得单项团体世界冠军。

1996年在瑞典举行的世界线操纵航空模型锦标赛上，韩新平再次以压倒的优势，登上世界冠军的领奖台，他和牛安林、王鸿炜合作蝉联F2B单项团体世界冠军。1998年世界线操纵航空模型锦标赛在乌克兰首都基辅举行，

2002年线操纵航空模型世界锦标赛上，韩新平第五次获F2B级别第一名

这届比赛在没有邀请中国裁判的情况下，韩新平的飞行又一次赢得了五名国际裁判的一致赞同，再次压倒美国、日本、乌克兰选手，第三次蝉联F2B个人世界冠军。同时，他再度与牛安林、王鸿炜合作，荣

获单项团体冠军。2000年在法国，韩新平次获得了个人世界冠军，同牛安林、张伟一起获得了团体冠军。2002年7月线操纵航空模型世界锦标赛在德国举行，韩新平继续着他梦幻般的胜利，再次获得了个人世界冠军，并同牛安林、张伟一起获得了团体冠军。至此，中国航模队实现了不可思议的"双五连冠"。而韩新本人则平难以置信地"统治"线操纵特技领域近十年之久。正因为如此，中国线操纵航模队在国际同行中获得了"中国航模梦之队"的美誉。

提起辉煌往事，韩新平都是一笔带过，眉宇间毫无炫耀之色。惟一让他耿耿于怀的是2004年世锦赛的冠军旁落。这届世锦赛在美国举行，由于去年上半年中美贸易摩擦，使得那段时间赴美签证成了大难题。几经周旋，等到中国航模队到达比赛地时，已经是第三个比赛日了，韩新平也因此失去了宝贵的赛前试飞和调整的机会，只好硬着头皮直接投入比赛，最终屈居亚军。韩新平说。"航模就是我的生命，在这条我永远不舍得离开的道路上，我要一直飞下去。"

12. 被称为"空中眼镜蛇"的航模班长

作为中国人民解放军某部航模班长，刘书祥做过很多关于飞行、关于遥控的梦，最多的是驾驶着一架飞机，在高速飞行中成直立状，几乎停在空中，一跳一跳地向前。这就是飞行技术中最高难度的"眼镜蛇动作"。

这一梦想很快便在一次协作演习中得以实现，刘书祥也因此获得

"空中眼镜蛇"的外号。在某靶场，参加实弹打靶考核的某高炮分队早早就将炮阵地设好，等着航模拖着靶子闯入视野。可左等右等，那平日里慢悠悠拖着尾巴的航模就是千呼万唤不出来。是不是航模坏了？是不是飞错方向了？

正当人们小声嘀咕并猜测各种可能性时，导调组宣布了一个谁都想不到的结果：航模模拟的运输机已将"伞兵"投放到阵地后方，旋即对炮阵地进行了火力打击。从几百里地以外把火炮拖到靶场，没打一炮就输了。指挥员急得扔掉帽子，围着火炮跺脚，连说"不可能，不服气！"

刘书祥眼里，就没有什么"不可能"：以往训练考核中，因为航模的飞行高度、距离受限，操作手一般都将航模飞行控制到肉眼能观察的范围。可他偏不信邪，经过上百次飞行

解放军某部战士进行遥控航模飞行

实验，刘书祥练就了不用眼睛，只用耳朵就可以捕捉到航模发动机的微弱声音，判断航模的飞行距离、飞行姿态的绝活。这样，不仅使航模飞得更高、更远，还能在超远距离控制飞行态势，从而逃过了侦察兵的眼睛，打了对手一个措手不及。

听完导调组的情况通报，炮阵地指挥员不服气地说："我们按照老经验疏忽了，有本事再来一次！"

这次，炮阵地上严阵以待，各种侦察仪器全部开动，整个炮阵地

上空就是一只蚊子也休想飞过去。可还是没看到航模的影子。人们的神经在紧张中慢慢松懈。忽然，只见航模从小山后面全速滑出，超低空掠过阵地，还嚣张地投下了烟幕弹。原来，这次刘书祥凭借娴熟的技术，巧妙利用山地、丘陵遮挡，以超低空的高度在雷达盲区"潜伏"飞行。

"服了！真服了！打心眼儿里服了！"炮兵指挥员听罢介绍，连说三个"服了"。于是，在这次考核中，"靶子"越练越狡猾，"火炮"越打越聪明，而刘书祥"空中眼镜蛇"的雅号也不胫而走。

"敌人不会站在那里让你打，要想不被消灭，就要比敌人更狡猾、更顽强！"这是刘书祥常说的一句话。为了让自己扮演的"敌人"更逼真、更狡猾，他付出了常人难以想象的努力。刚接触航模那一年内，刘书祥一有时间就拿着遥控器，对着飞行的麻雀、燕子练习，用它们的飞行姿态来模拟操作。冬天，训练场寒风刺骨，狂风卷着枯叶碎草就往脸上打，刘书祥为准确识别航模在空中的飞行姿态，坚持盯着钟表的秒针训练眼睛定力，努力做到3分钟不眨眼，现在无论迎风还是迎光都不流泪。

后来，在营党委的关怀支持下，刘书祥找了间库房，把航模实验室建了起来。他将自己探索的新技术、新训法以及训练心得、体会，毫无保留地传授给战士，还自摆"擂台"当擂主，欢迎大家向他挑战。不管是切磋飞行技术，还是探讨遥控、电路理论，他都乐呵呵地奉陪。

为了调动大家钻研新技术、新战术的积极性，他还向营党委建议：

研究成果一旦通过验收，就用创意人和攻关者的名字命名。很快，营里的研究氛围高涨起来。排长刘文学在刘书祥的帮助下，运用爬升角反作用力，解决了模拟直升机旋停攻击等技术难题，这项成果被命名为"刘文学旋停攻击飞行法"；副班长李英辉在训练中发现航模夜航时难把握的难题，在机翼上用小灯泡勾勒出形状，填补了全军航模夜航的空白，被称为"李英辉夜航技术"。看着这些不大"正规"却生气勃勃的成果，刘书祥高兴极了。

13. 爱好航模的文艺界人士

当玩航模成为一项世界性的运动时，航模爱好者队伍便不再以人们所从事的专业为局限。钻研航模技术也不仅仅是技术迷们的专利了。比如我们前面所提到的，中央电视台的主持人朱军将一台电脑的光驱改造成航模无刷电机的精彩例子。此外，大导演凌子风年轻时也曾是航模的超级发烧友，而且他还曾试图报考航校，以真正实现飞行梦想。

凌子风：曾为报考航校而绝食

凌子风，电影导演，原名凌风，曾用名凌项强。1933 年考入北平美专西画系，1934 年毕业于雕塑系。1935 年考入南京国立戏剧专科学校舞台美术系。曾在影片《保卫我们的土地》、《热血忠魂》、《八百壮士》等片中被邀演过角色。1938 年到延安，

导演了多部话剧，他编导的独幕话剧《哈娜寇》获晋察冀边区鲁迅文学奖。1943 年在鲁迅艺术学院戏剧系任教，1945 年任华北联合大学艺术学院戏剧系教员。1948 年任东北电影制片厂导演。第一部影片《中华女儿》，获 1950 年第五届卡罗维发利国际电影节为争取和平自由而斗争奖。之后又导演了《红旗谱》、《骆驼祥子》等。另外，还导演了《边城》、《骆驼祥子》、《春桃》等新中国的优秀影片。

就是这样的大导演，年轻时由于迷恋飞行、居然为报考航空学校而绝食，飞行和航模在其心中的位置可见一斑。在上中学时，凌子风便梦想有一天驾驶着飞机，飞上犹如海洋般的天空中去。

大导演凌子风也曾玩航模

凌子风的航空梦，多半是受他的中学时代的同学王凯的影响。王凯是他中学时代的一位好友，也是一位航模爱好者，家里也有许多航空杂志和航空方面的书籍，凌子风常到王凯的家里去，那些花花绿绿的航空杂志也吸引了凌子风，引起了他的兴趣；有的时候家里的杂志还不够看，他俩就结伴到航空署街的"航空公署"去看。

凌子风向王凯提议：由他们自己买些材料来动手做航模飞机。他的提议一出，立即得到了王凯的响应。于是，他俩从街上

买来了木头、刀、锯、胶水、砂纸等材料，在王凯的家里"噼里啪啦"地干开了，像一个木工工场，弄得满屋满地的全是木屑与碎木块。

两位中学生的手工真不比专业的差到哪里去，飞机各部位的比例都十分的精确、到位，在飞机的各个应该活动的部位，如螺旋桨、机轮、机尾等，他们都做了活动的关节，做得像真的一样。他们还在机身上涂上了银灰色。

航模飞机做成了，他们拿到照相馆里去给飞机照了一张相，然后，他俩又骑上自行车到航空署去给署里的官员们看，这些专业的官员们对这两位中学生的创造性劳动给予了极大的肯定，他们十分惊讶两位年纪小小的中学生居然能做出这么精细逼真的飞机模型来。

制作航模的兴趣，又大大地激发了这两位好友去报考航空学校的决心，凌子风和王凯背着父母去报考了当时在北京招生的杭州天竺航空学校。

王凯的父亲知道了儿子去报考了航空学校，并没有表现出反对的意思，他只是问凌子风："你的父亲知道你报考航空学校吗？他老人家支持吗？"凌子风说："我还没有来得及告诉我家父母。""那你一定得告诉你的父母才对，一定要去告诉他们的。"

凌子风的母亲听后并没表现出反对的意思。

晚饭后，大姐对凌子风说："妈叫你到西屋去一趟。"凌子风去了西屋，路经父亲的屋前，只见老人家桌前的台灯亮着，也不

跟他说什么。到了西屋，母亲在忙着整理床铺，对凌子风说："今天你就睡西屋吧，考学校的事，明天早上你爸爸再跟你谈，不早了，你先睡吧。"说完，母亲走了，临走的时候，她还帮儿子关上了门。

凌子风只是不明白，为什么今天让他睡在西屋。他迷迷糊糊地进入了梦乡。

天亮了，凌子风从纸窗的破洞处朝外望，他大吃一惊：门被反锁了，他被父亲关了禁闭！

父亲走了过来，他挟着一只布包，拎着雨伞。他站在门外叫儿子，冷冷地对他说："我反对你去报考航空学校，航空很危险，净死人。"

凌子风用绝食来抗议父亲的反对。但是几天时间后，前来招生的天竺航校的人早都回去了。凌子风的斗争彻底失败了。从此，他大门不出，学校不去，他怕见着王凯。

朱军：不折不扣的航模迷

中央电视台《艺术人生》主持人朱军也是个不折不扣的航模迷。朱军小时候就知道有航模这种运动项目，但那时候家里经济情况不太好，根本就玩不起，现在的日子好了，他也终于可以真正从事这个项目了。朱军说："对我这个年龄的人来说，玩航模就是对童年的一种追忆和弥补。"

航空模型的今天与明天

　　也许是主持《艺术人生》的缘故，朱军喜欢沉下来深入思考。在他看来，玩航模和练气功如出一辙："这两件事都必须要全神贯注，稍一走神飞机模型就可能掉下来。当你完全沉醉在航模当中时，你就会发现对我们这些平时压力非常大的人来说是一种很好的放松方式。"朱军沉思了一阵，抬头看了看天上的航模："人做的每一件事就像天上飞的每一个航模一样，当飞行成为惯性时接下来就会非常顺利，但是遇到气流时势必要下降，在下面操纵的人就要给它一个上升动力，这样才能让飞机保持平衡。"

　　说到玩航模的费用，朱军似乎很有心得："别人总认为玩这个要很大的投资，但我并不是这样。我刚开始用2540教练机学，等学会了自己买设备将近1000元，飞机机身也不到200元，所以消费并不是很高。"朱军的儿子虽然还很小，但是已经表现出对航模浓厚的兴趣，他总是缠着爸爸给他

《艺术人生》栏目主持人朱军

做"能飞上天的东西"。朱军笑着说："他喜欢鱼，喜欢草帽，我就不拘泥于做航模的材料，用儿子喜欢的东西做成所谓的'飞机'。"做成什么样不重要，而与儿子在一起做模型的过程十分有乐趣。现在，航模已经成为了朱军和儿子沟通的桥梁了。

第五章　亲自动手玩转航模

航模运动，是最能体现"格物致知"、"知行合一"的学习活动之一。假若你有多少不懂和疑问，你便须进行多少探究。一旦你有更多的探究，你便会获得更多的知识。而当你有了更多的知识和经验时，你或许会进入前面所介绍的那些牛人之列。你够牛吗？

1. 航模运动的诸多好处

航空模型运动是一项高品位的健身运动，一般包括制作、放飞和比赛三种方式，也可以划分为三个阶段。制作活动的任务是完成模型制作和装配。通过制作活动可以培养青少年的劳动观点、劳动习惯和劳动技能，使他们学会使用工具、识别材料、掌握加工过程和得到动手能力的训练。放飞是青少年更加喜爱的活动，成功的放飞，

校园航模比赛

航空模型的今天与明天

可以大大提高他们的兴趣。放飞要遵循放飞的程序，掌握飞行调整的知识。比赛可以把活动推向高潮，优胜者受到鼓舞，信心十足，失利者或得到教训，或不服输也会憋足劲头，是引导学生总结经验，激发创造性和不断进取精神的好形式。参加大型比赛使他们得到极大的锻炼而终生不忘。

航空模型运动中蕴涵着启迪性和创造性，青少年在教练的指导下，依靠自己的努力，学习许多课堂上学不到的知识，在制作完成一架模型以后，就想自己设计新的模型，这里不需要死记硬背，不需要"填鸭"式的灌输，智慧在不断地进行思考和创造中得到启发和升华。

航空模型运动要求所有的参与者要具有思维方法上的辨证性、整体性和严格的科学性。"麻雀虽小，五脏俱全"，模型飞机也是一个整体，牵一发而动全身。如弹射模型飞机、自由飞模型飞机都要

航模辅导员讲比赛注意事项

经过高速爬升和低速滑翔两个阶段，所以在设计制作过程和调整试飞过程中必须全面考虑这两个阶段不同的受力方法和解决办法。又如，重量与强度和刚度这一对矛盾在模型飞机上十分突出，必须在这二者中取一最佳方案。从模型飞机的设计开始到良好的飞机和比赛为止，集工程师、工艺师、技师与运动员于一身。因此，航空模型运动培养

了参与者在思想方法上的辩证性，否则会顾此失彼。在设计中的一个细小失误便会使制作出来的模型性能变差；制作工艺上稍微有粗糙感便会导致结构变形，一丝不苟的科学态度，辩证、全面的思维方法是航模运动员的必备素质。

航空模型活动的实践性是很突出的。参加航模活动的青少年要亲自制作和装配模型飞机，亲自检查和调整，亲自放飞和维修模型飞机，做好这些工作需要开动脑筋，手脚勤快，从而有利于培养人的独立工作能力，养成一切从实际出发和注重实际效果的工作作风。

动手做是航空模型运动的基础。在航模活动中要学会制图、木工、粘接、复合材料加工、表面处理、油漆、电工、电子以及车、钳、刨、铣、磨等综合技能，因此航模运动的动手能力强，基本技能扎实是有目共睹的。通过航模运动的全过程，即设计——制作——飞行，尤其是通过飞行训练和对飞行性能的反馈不断提高人的"心智技能"。

你追我赶的竞争性和体能训练是航空模型活动中的一个重要组成部分。竞赛时每个人都希望自己的模型能够飞出好成绩，创造新纪录，这就使航空模型活动具有强烈的竞争性。

2. 12 种叠纸飞机的方法

纸模型飞机是航模飞机里最简单的，它用料少、构造简单，对放飞场地的要求不高，而且容易放飞成功。最简单的纸模型飞机只要一张纸，几分钟的时间就能做成。

航空模型的今天与明天

制作纸模型飞机，如何选纸非常重要。纸用得不合适，纸模型飞机就不能飞好。对制作模型飞机的纸一般要求"平"、"挺"、"轻"。"平"是指没有折过、卷过的纸也要压平以后再用，这样制作出来的模型才能平直，容易调整。"挺"是指纸要有刚性，不能软绵绵的。"轻"是指纸的重量要轻。一般用来制作纸模型飞机的纸有绘图纸、卡片纸、白板纸、书披纸等。不同类型的模型飞机，要用不同的纸制作，较薄的纸多用来制作较小的模型。

纸模型飞机的试飞不用很大的场地，在操场上，甚至在教室内都可以。纸模型一般很小（翼展大约在 200 毫米以下），重量轻，不能在大风中飞行。试飞的时候，可以先用手投做水平滑翔试飞。手投方法是：用手拿住机翼下面重心附近部位，使机身呈水平状态，机头稍微向下倾斜，轻轻向前水平投出。

纸飞机有多种叠法，这里我们给大家介绍其中 12 种叠法。朋友们不方动手试试，看看那种飞得远。

纸飞机的折法

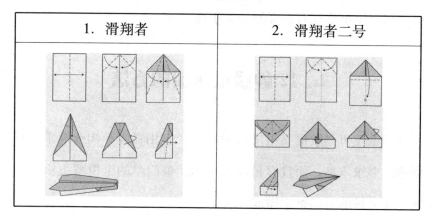

1. 滑翔者	2. 滑翔者二号

3. 西尔克式	4. 甘纳德式
5. 三角洲	6. 穿梭者
7. 戈默兹式	8. 洛克特式

航
空
模
型
的
今
天
与
明
天

9. "鹰眼号"	10. 三翼飞机
11. 针型飞机	12. 小小攻击者

3. **竹蜻蜓的制作**

想自己动手做一个竹蜻蜓吗？请按照下面的步骤试一试。

材料与工具

1. 长 5 厘米、宽 2 厘米、厚 1 厘米的削平竹片或轻质木块，小竹棒。

2. 小锯子、美工刀、直尺、手摇钻、快干胶水。

制作步骤

1. 取轻质木块一块，用锯子、美工刀等工具加工成长 15 厘米、宽 2 厘米、厚 0.6 厘米的木片。

2. 用直尺测量木块中心位置点。并用笔在中心位置点做一记号，然后在中心点两边约 1 厘米处画一条线（木块的上下面都要画）。

3. 用小锯子在划线的上下部分各锯出一条锯缝。要求左侧的上锯缝"外低内高"，下锯缝"外高内低"。右侧的上面锯缝"外高内低"，下面的锯缝是"外低内高"。低端的一条锯缝深度离开木片底面 0.2 毫米。

4. 将画斜线的部分用美工刀削成斜面，再用美工刀从左右两侧分别两向中心位置的锯缝处削去多余木料。

5. 在木块的中心位置用手摇钻打一个小孔。

6. 取一支长约 14 厘米木棒，上端削成合适大小，涂上胶水后插入竹片中心孔中。

7. 搓动竹蜻蜓下端的竹棒进行试飞 。

教你制作竹蜻蜓

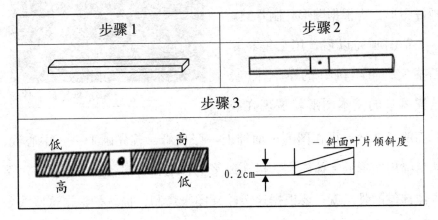

步骤 1	步骤 2

步骤 3

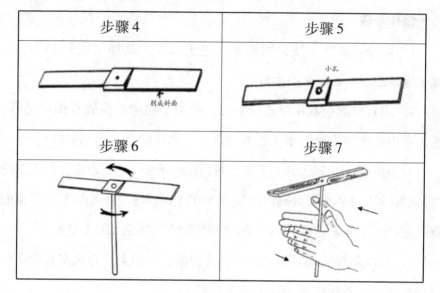

步骤 4	步骤 5
削成斜面	小孔
步骤 6	步骤 7

4. 风筝的制作

　　风筝的制作工艺多种多样，你既可以先扎骨架，再画图形，也可以先画好图形再扎骨架。下面介绍的这种风筝的扎制方法就是先画好图形，再根据图形扎制骨架。

　　草图画完以后，用毛笔将草图描实，再给画好的草图上色。这样风筝的基本图形就展现在我

山东潍坊风筝作坊

们面前了。然后再在图的上面铺上一张白纸，首先画上一条中心线，然后描出图形的大体轮廓，再在风筝首、尾和中部各画一条线。风筝身体部位的骨架就是要根据这个轮廓图来烤制，也就是根据这些线条

给风筝图案上色

削制竹条

用竹条扎制风筝骨架

来让竹条该弯的地方弯，该直的地方直。

做风筝的基本用料有：竹条、纸（也可以用绢、涤丝代替），捆扎用的线和乳胶，酒精灯、颜料、针线和线拐。

取一根长约 1 米的竹板，劈成数根 1 厘米宽的竹条，再把每根竹条削薄。

扎制骨架的用料要合理，原则是在不影响抗压和支撑能力的原则下尽量少用料，用轻料。

根据前面画好的图形轮廓图，现在要对劈好的竹条进行烤制，然后把烤好的竹条两端削薄，用线和乳胶把它们捆扎起来，骨架就成形了。

把扎好的骨架涂上乳胶，与画好的图纸裱糊在一起抹平。晾干后修理一下多余的纸，再把外凸的竹条削尖，风筝就算做成了。

栓风筝的角线非常关键，在颈部与身体主干的交叉点上栓第一根线。然后再在腰部和身体主干的交叉点上栓第二根线。要注意的是第

航
空
模
型
的
今
天
与
明
天

一根线即上面的线要与风筝的平面成直角，成直角以后在上下两根线的结合点上栓风筝线，这只风筝就可以飞上天了。

活灵活现的盘鹰风筝

其实风筝的制作工艺并不复杂，只要您掌握了它的基本要领，扎骨架，便可以尽情地享受扎制和放飞的乐趣了。

5. 孔明灯的制作

工具和材料

裁纸刀、剪刀、尖嘴钳、塑料手提袋、棉线、工业酒精、502 胶、电线、棉花、竹条

制作步骤

1. 用裁纸刀将竹条削到厚薄 3 毫米以内，然后，把竹条弯成一个圈，用棉线或 502 胶固定。竹子有弹性，竹圈可能会不圆，可以用小火烤一烤，使竹圈固定成圆形。

2. 用尖嘴钳把废电线外面的绝缘层去掉就可以得到细铜丝，把铜丝绑在竹圈两端。铜丝不能太细，否则容易烧断，可以用 3 根铜丝拧在一起使用。

3. 取一只大号极薄的塑料手提袋，手提处剪平，把开口一端外翻粘在竹圈上，做成灯罩。

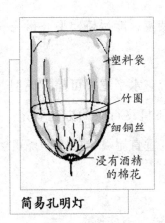

塑料袋
竹圈
细铜丝
浸有酒精的棉花

简易孔明灯

4. 在铜丝中间上绑上棉花，浸上酒精，点燃后就可以放飞了。酒精棉花不宜太重，一般可使总质量（方便袋、细铜丝、酒精棉花的总质量）在 5 克以下较易起飞。

5. 放飞前，可先用打火机加热袋内空气，以便减少酒精的消耗。

注意事项

孔明灯必须要在无风的天气和空旷的场地上放飞，否则不但不能飞上天，而且可能会引起火灾。放飞时，需要 2 ~ 3 人的共同协力。一人两手分别捏住方便袋底部两角，使之开口朝下，并使包有棉花的细铜丝自然下垂。再在棉花上倒上适量酒精，点燃酒精，几十秒钟后，孔明灯便会腾空而起。

此外，可以在孔明灯底部拴上线，这样既可以重复放飞，又能控制起飞高度和范围，避免引起火灾。未成年人放飞孔明灯时，需要有成年人陪同。

6. 模型飞机的结构

模型飞机与一般载人飞机一样，主要由机翼、尾翼、机身、起落架和发动机五部分组成。

第五章　亲自动手玩转航模

航空模型的今天与明天

1. 机翼：模型飞机在飞行时产生升力的装置，能保持模型飞机飞行时的横侧安定。

2. 尾翼：包括水平尾翼和垂直尾翼两部分。水平尾翼可保持模型飞机飞行时的俯仰安定，垂直尾翼保持模型飞机飞行时的方向安定。水平尾翼上的升降舵能控制模型飞机的升降，垂直尾翼上的方向舵可控制模型飞机的飞行方向。

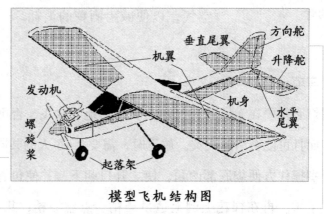

模型飞机结构图

3. 机身：将模型的各部分联结成一个整体的主干部分叫机身。同时机身内可以装载必要的控制机件、设备和燃料等。

4. 起落架：供模型飞机起飞、着陆和停放的装置。前部一个起落架，后面两面三个起落架叫前三点式，前部两面三个起落架，后面一个起落架叫后三点式。

5. 发动机：模型飞机产生飞行动力的装置。模型飞机一般由发动机带动螺旋桨旋转发生升力，实现飞行。模型飞机常用的动力装置有：橡筋束、活塞式发动机、喷气式发动机、电动机。

航空模型技术常用术语

1. 翼展：机翼（尾翼）左右翼尖间的直线距离（穿过机身部分也计算在内）。

2. 机身全长：模型飞机最前端到最末端的直线距离。

3. 重心：模型飞机各部分重力的合力作用点称为重心。

4. 尾心臂：由重心到水平尾翼前缘四分之一弦长处的距离。

5. 翼型：机翼或尾翼的横剖面形状。

6. 前缘：翼型的最前端。

7. 后缘：翼型的最后端。

8. 翼弦：前后缘之间的连线。

9. 展弦比：翼展与平均翼弦长度的比值。展弦比大说明机翼狭长。

7. 模型飞机的图纸设计

图纸是一种技术语言，它比文字叙述更能简单明了而又准确地表达技术要求。

常用的模型图纸有立体示意图、三面投影图、工作图。立体示意图能具体直观地表达模型的形状、构造、尺寸和各部件之间的关系，没有专门图纸知识的人也能看懂。但是它不能很精确地表达出部件的

航
空
模
型
的
今
天
与
明
天

形状和尺寸，因此在很多情况下往往是用平面图来与立体图相配合使用。

把一架处于水平状态的模型飞机，放在相互垂直的三个平面中间，并使机身的纵轴同其中一个平面垂直，同另外两个平面平行，如图所示。如果我们分别从三个方向在足够远的地方看模型飞机，并把看到的形状画在每个平面上，也就是在三个互相垂直的平面上作出模型飞机的投影，然后把这三个相互垂直的平面展开，就可以得到下图所示的三个图——顶视图、侧视图和前视图，也就是投影图。在一般情况下，通过这三个视图就能比较准确地表示出一架模型飞机的形状和主要尺寸。

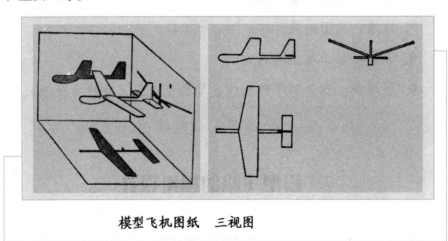

模型飞机图纸　三视图

在实际绘制模型飞机图纸的时候，为了节省图纸，这三个图的位置不一定照图所示放置，而是比较紧凑地排放在一起。但不论怎样放置，我们一定要培养自己能够按三视图的原理，想象出一架完整的立体模型飞机来。

制作模型飞机，除了表达整个模型飞机的总体三面图以外，还要有制作模型飞机零部件的图纸，如机翼图纸、尾翼图纸和机身图纸等，这些就是模型飞机的工作图。从原则上讲，这些图纸也都要按投影图的原理绘制，但有时为了使用方便，在绘制原则上略有改变，常见的变化有：①由于绝大多数模型飞机都是左右对称的，因此，在绘制模型飞机的顶视图时，只把机翼和水平尾翼准确地绘出一半就可以了。看图的时候不要以为这架飞机只有半边机翼和半边水平尾翼。②凡有一定角度的部件（如机翼一般都有上反角），在工作图的俯视图中就把它展平了。如机翼的俯视图就没有绘出上反角。

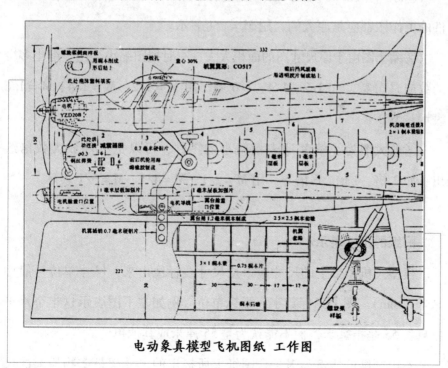

电动象真模型飞机图纸　工作图

图纸的字母符号

在图纸上常见到 M、Φ 和 R 等字母符号。其中，M 代表比例尺，Φ 代表圆形物体或圆孔直径的符号，R 代表圆形物体或圆孔半径的符号。这些符号都写在数字的前面。

图纸的比例

模型飞机的图纸不一定都画成原物大小。它可以按一定的比例放大或缩小。模型飞机的图纸比例一般有三类：

①原尺寸图即图纸上所绘模型的大小与实物相同。一般制作零部件的工作图都应是原大的，用 M = 1/1 表示。

②缩小图由于原尺寸图的面积太大，有时把图缩小绘出。缩小多少的数应是分数，如 1/2、1/4、1/6 等。用 M = 1/2、M = 1/4、M = 1/6 表示。

③放大图为了清楚地表示微小的零件，可以把零件放大数倍绘出，如 2 倍、4 倍、6 倍等。用 M = 2/1、M = 4/1、M = 6/1 表示。

图纸的尺寸表示

模型飞机图纸上的尺寸应该用尺寸线标注出来，尺寸单位一般用毫米（mm）。图上只标数字，不标单位。例如左下图表示这半个水平尾翼长 55 是指毫米，而不能认为是 55 厘米或其他单位。

不论图纸的比例为多少，图纸上所标出的尺寸都是实物原大的尺寸。例如 M = 1/5 的图纸，机翼的标注尺寸是 200 毫米，就不能把它

再放大 5 倍，误认为机翼长是 5 × 200 毫米 = 1000 毫米。

在有些模型飞机的图纸上为了简单地表示尺寸，还使用比例尺的方法。例如右上图的模型上没有尺寸，只是在图角上有一个比例尺。使用这种图

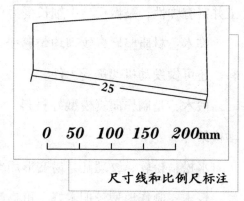

尺寸线和比例尺标注

纸时，我们只要用圆规把模型某一部分的长度取下来，然后移到标尺上去量一量就可以知道它的实际尺寸了。这种方法的优点是简单，缺点是不够精确。它往往出现在小开本图书的缩小图纸上。

在了解了立体图、投影图、工作图以后，我们便可以看懂并制作简单的模型图纸了。

8. 制作模型飞机的材料

制作模型飞机的传统材料有桐木、松木、椴木、桦木、水松、轻木、层板等。在使用时，可根据模型的大小、结构来选择合适材料。

桐木：是最常用的模型材料，尤其是泡桐，具有比重轻、相对强度大、变形小、容易加工的特点。翼肋、蒙板、腹板、机身后段等应选用较轻的材料。后缘、尾翼梁、机身的纵梁等要用木质细密、纹理平直、强度较大的材料。

松木：东北松纹理均匀，木质细密，比较轻，不易变形，易于加

工并富有弹性，是做模型中细长受力件的好材料。

桦木：材质坚硬，纹理均匀紧密，比重较大，是做螺旋桨的好材料。还可做发动机架等受力件。

椴木：是制作向真模型好材料，也可用于硬壳机身、螺旋桨和发动机架等。

水松：松软、纹理乱、易变形用作整形和填充。

轻木：制作模型较桐木好，可提高飞行性能，但价钱较高。

层板：椴木层板常用作机身隔框、上反角加强片等；桦木层板可做强度很大的蒙板，翼根部的翼肋、隔框和加强片等。

竹子：也较常用在普及级模型上。

蒙皮：传统工艺用棉纸和尼龙绢，后发展用无纺布以及新型材料热缩膜。在模型上根据需要也用桐木蒙皮，利用热缩膜可以节省一定资金但主要是大大简化制作程序，缩短了制作时间。

泡沫板：在包装业中最常用的泡沫板，切割方便，加工容易。飞机模型店内有飞机模型的图纸，将其贴贴于泡沫板上，而后用利刀细心地将其刻画出基本样子，再用常规101胶水将其黏合，可以制成简易的飞机模型。

近年来，更多的新型材料也被投入使用，在减少飞机重量、进而节省燃油方面起着重要的作用。新型材料包括各种复合材料和铝合金材料。例如，将纤维埋置于环氧树脂之中所构成的复合材料，重量比标准铝材轻25%～30%。目前复合材料用于方向舵、升降舵、副翼、襟翼、整流罩、起落架门、翼身连接覆板和座舱地板等。波音

747－400型飞机由于采用了复合材料等措施，重量比波音747－300型飞机减轻了24吨。铝锂合金是飞机制造的新型金属材料。锂是最轻的金属，比重只有0.53。含锂2.8%的铝合金比标准铝轻8%。采用铝锂合金使波音747型飞机的重量减轻了5吨。

9. 制作模型飞机的工具

在飞机模型制作过程中，常用的工具有：尺、刀、刨、锯、锉、钻、钳子、剪子、扳手、笔、烙铁以及涂装用的刷子等。各工具要正确使用，以发挥工具的作用，使模型制作的精度、准确度不断提高，制作出性能优良的模型飞机。

常用切割工具的使用

模型飞机制作中使用的切割工具很多，如剪、刀、锯、锉、砂纸等都是把材料分割开的工具，所以统称切割工具。其中最基本、最常用的切割工具，就是刀和剪。

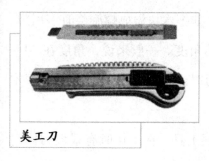

美工刀

剪一般用来切割薄板材料，如纸、纺织品和薄金属板等。剪裁的加工特点是两把刀分别从材料的两面同时切割，而不像一般的刀割只从材料的一面进行。剪刀的使用一般比刀容易掌握，而且比较安全。尤其是专门为少年儿童制造的没有锐利尖端的安全剪刀，就更不容易出问题。使用剪刀时，拿材料的手，手指要远离刃口。使用剪刀剪切一个较长切口时，要注意第一次剪切与第二次剪切之间的连续性，不要出现两刀之间的毛边。对于小半径的转弯或凹曲线，更要力求剪口的连贯平滑。

笔刀

美工刀是模型制作中常用的刀，主要用于切割纸张或较薄的改装板，也可以雕刻部件上的线条和切割零件。将零件剪下后，要将零件上多余的部分削去，就要用到笔刀，它可以做比美工刀更细致的操作。在这里要提醒初学者由于笔刀很锋利，使用笔刀时刀口不要朝向自己，以免造成伤害。

切削刀的基本使用方法包括"切"和"削"。在切时，另一只握材料的手要放在刀的前面才安全。在削时，另一只握材料的手要放

切法与削法的用刀

在刀的后面才安全。薄片木料的加工，如把木块做成螺旋桨时多用削。在切时，首先要注意刀刃与木片之间的角度。一般来说，角度在 30 ~ 45 度之间，最大不要超过 60 度。在切时还要注意木纹，不要逆着木纹切削。

锉和砂纸在切割工具中属多刃切割工具，在工作时有很多刃同时

进行切削，但每次切割时的切削量都很小，因此往往用它们来进行最后的精加工。

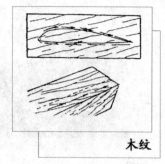

木纹

　　根据被加工工件的材料种类，选用合适的锉刀，不但省力省时，还能延长锉刀的使用寿命。粗齿板锉，主要用于平面或凸曲面的粗加工；横齿板锉，主要用于平面或凸曲面的细加工和初步锉光；细齿尖锉，主要用于平面或凹曲面的细加工，也可用于锉孔和锉槽。

　　使用锉刀时要注意姿势和动作。站立时，左脚在前，右脚在后；操作者右手握锉刀柄，左手握锉刀前部；操作者向前运锉时，稍向下用力。向后运锉时，稍提起锉刀，使锉刀面和工件加工面脱离接触。向前运锉时左右手各自向下用的力的大小，要以锉刀加在工件加工面上的力量大小保持恒定为准。根据这一准则，在向前运锉时，左右手各自向下用的力是不断变化的；运锉过程中，锉刀面始终要保持水平状态。锉刀往返的最佳频率为40次/分钟，锉刀的使用长度占锉齿面全长的2/3。

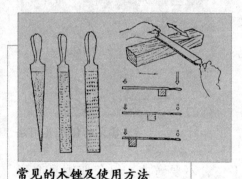

常见的木锉及使用方法

　　如果要涂装模型，砂纸是必不可少的。砂纸的粗细一般用号数来表示，号数越小越细，号数越大越粗。模型制作常用的砂纸以"00"～"1"号居多。按基板不同，砂纸可分为砂纸、砂布、水砂纸。通常制

砂纸

作模型使用的是水砂纸，也就是可以沾水使用，利用水带走打磨中产生的碎屑。砂纸在使用时可以把它包在木块上，或粘在木板上，然后与锉的使用方法一样，也可以把砂纸直接拿在手上打磨。

锯是沿很窄的一条线进行深切割的工具。常见的制作模型的锯有以下几种：木工锯、手工锯和钢丝锯。因制作模型用材料都不是很大很厚的材料，通常用齿比较小的锯条，可根据情况选择自己顺手的锯使用。

使用锯子时，要有垫木，并以手或脚固定住锯木头的另一端，

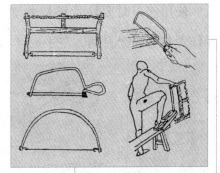

常见的锯及其用法

以防滑滚产生意外，锯身需保持平整，不要弯曲，以免使锯身变形。若锯子有上油，则必先将油抹去后才使用。使用时要注意锯子的施力方向，锯子推出时施力，拉回时则放松。

在锯小的材料时可用手把它压在工作台的端部。如果有台钳，也可以把被锯的材料固定在台钳上面。

钳子的使用

钳子是一种用来紧固的工具，有些钳子还具有切断功能。钳子的种类很多，但是它们都有一个用于夹紧材料的部分，称之为"钳口"。钳口用杠杆控制，能够产生很大的夹紧力。

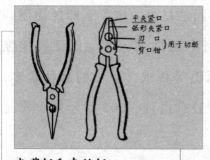

尖嘴钳和克丝钳

在一般情况下，手钳的使用不容易出危险，但对安全问题仍不能忽略：①一般情况下，钳子的强度有限，所以不能够用它操作一般手的力量所达不到的工作。特别是型号较小的或者普通尖嘴钳，用它弯折强度大的棒料板材时都可能将钳口损坏。②一般的克丝钳有三个刃口，只能够用来剪断铁丝不能够用来剪断钢丝。③钳柄只能用手握，不能用其他方法加力（如用

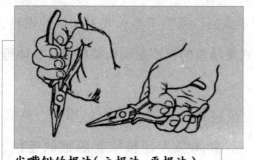

尖嘴钳的握法（立握法、平握法）

锤子打、用台虎钳夹等）。④当钳柄上的绝缘层损坏时，必须更换，如继续使用会给不知道绝缘层已损坏的人造成触电的危险。⑤在使用克丝钳剪断铁丝时，要注意防止剪下来的铁丝头跳出来打伤人。

常用的黏结剂

制作模型，需用多种材料，如木材、金属、塑料、玻璃、橡胶、纺织品等。当要将这些性质不同的材料，按照不同的使用条件进行黏合，就必须选用相应的各种黏结剂，才能保证胶接强度，并满足弹性、耐水性、耐高低温等要求。黏结剂品种繁多，制作模型时常用的有快干胶、酪素胶、白胶、502 瞬干胶、密封胶等。

快干胶是制作模型飞机、舰船模型最常用的黏结剂，它由硝基原料如赛璐珞、硝化棉等溶解于香蕉水中制成。由于快干胶使用方便、重量轻、干结快、防水性好，初级模型飞机、舰船模型几乎全用它胶接。快干胶干结后性脆，强度不太高，又溶于热火式发动机的燃料，所以不适用于装有热火式活塞式发动机的模型发动机架机身、艇体等结构的胶接。

酪素胶是一种强度高，重量轻并且耐振动的木材用胶。酪素胶可用在受力较大的木结构中，如木质发动机架与隔框的连接，还可用以卷制薄壁圆筒形机身、艇体的预制形板，特别适合于胶接硬质木材及航空层板。由于酪素胶的配制和使用比较麻烦，目前使用并不广泛，但它仍不失为一种强度高、重量轻、价廉的模型用胶接剂。

白胶使用方便，起始粘力强，可用于木材的胶接与纸张、皮革、

泡沫塑料的黏合。粘接纸张时，指压一秒钟，再经过 20～30 秒后，剥离强度即超过纸张的本身，是制作纸模型的理想黏结剂。胶接木材。几分钟即可定位，半小时后形成透明胶层，达到最大强度。但是，这种胶性质较软，重量较大，用于拼接木材。胶缝处会逐渐有胶渗出。它属于半防水胶，不适用于制作下水航行的舰船模型。但是，它不溶于热火式发动机燃料，有人用它作装热火式发动机模型的外涂料有一定效果。

502 瞬干胶是一种在室温里接触压紧数分钟即可固化的透明液体。对玻璃、金属、陶瓷、皮革黏结力均强，使用很方便。这种胶极易过期失效，保存于冰箱中也不过半年，过期的胶黏度增加，固化时间延长，性能大大下降。

W－l 密封胶始终呈粘弹状态，能用在需经常拆卸的部位起到防止泄漏的作用，一经在配合面上涂复，压紧后，可在 –40～140℃、10 个大气压下防止泄漏。靶机发动机中心对合面和前后端盖上使用密封胶后，消除漏气，提高转速 300 转/分钟左右。遥控作动筒和管嘴上也可使用这种密封胶。

模型飞机制作中的黏合工艺

在黏合工艺的具体操作中，最常见的是纸的黏合与木料的黏合。

薄纸，如绵纸、皮纸、复印纸、电容纸等黏合时要用浓度较小的

乳胶。涂胶时胶层要薄，涂覆要均匀。胶合前稍晾一会，待胶快干时结合，然后用手压平，几分钟后即黏合牢固。

注意事项：薄纸黏合时要防止胶渗透到纸的另一面，把不该黏合的地方粘上。

厚纸，如白板纸、白卡纸等吸收胶液的能力往往比薄纸强，对胶合强度的要求也高，因此粘接厚纸时用胶的浓度要稍大一些，用胶量也要多一些。在黏合前最好涂两次胶，等胶稍晾一会儿后再结合。由于厚纸的刚性比薄纸大得多，所以结合后要用较大的压力使胶合面相互吻合（如用夹子固定），待固化后再减去压力。由于厚纸吸收胶液多，它的固化时间也比薄纸长。厚纸黏合时要注意避免在固化过程中发生变形。

木料黏合以相互黏合的材料分类，可分为：木与木的黏合；木与其他非金属材料的黏合，如与、纸、与纺织品、与塑料的黏合；以及木与金属的黏合。在木与其他材料的黏合中，要选择对两种材料都有较好粘合作用的胶，而不能只考虑一种材料。

在木与木的黏合中，可根据黏合面的大小，分为大面黏合、小面黏合和增面黏合三类。

a 为大面黏合。这种黏合的黏合面积很大，只要能保证大部分面积（70%）都黏合上，强度是不成问题的。

b 为小面黏合。在这种情况下，黏合面很小，即使整个黏合面都黏得很好，强度也有限。为了增加强度往往把胶堆在胶合面之外。虽然这种从外面"堆胶"的方法在黏合操作中并不提倡，但在黏合面太

小的情况下也可适当使用。

　　c 为增面黏合。为了增加小面黏合的强度，可用其他方法来增加黏合面。如用木三角加强块来增加黏合面，这比"堆胶"的方法要好得多。

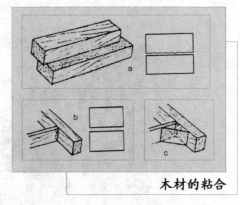

木材的粘合

　　在黏合技术中，黏合面的处理和加压十分重要。在胶合之前先要把黏合面加工好，如用刨子刨平或用砂纸磨光，以保证最大的黏合面和最小的胶层厚度，使黏合面尽可能地密合。然后要有充分和均匀的涂胶，最好在被黏合的两个面上都涂胶，而不要只涂一面。最后是固化。任何胶都要在固化以后才能起到结合的作用，因此要保证好的黏合强度，固化过程是不能忽略的。

螺钉和螺刀

　　螺钉也叫螺丝钉或螺丝，就是有螺纹的紧固于两个物体上的螺柱，柱子形带有螺纹的螺丝。常见的有：木螺钉，它的螺纹呈锥形，前端有尖，可直接拧入木中；机螺钉，它的螺纹呈圆柱形，可拧入带有阴螺纹的零件中，或穿过零件拧入螺母里进行固定；自攻螺钉，这种螺钉多用于拧入塑料件或铝型材料中，它可以在钻有适当孔洞的零件上攻出阴螺纹来，达到紧固的目的。

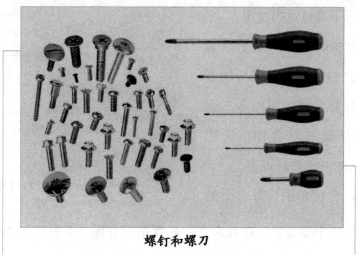

螺钉和螺刀

螺刀也也称改锥或螺丝起子，是拧螺钉用的工具。拧不同的螺钉，要选择相应的螺刀。例如钉头上有长口的螺钉要用正好能插入钉头的扁平头的螺刀；钉头是十字形开口的螺钉，则要用相应的十字头螺刀。螺刀一定要与螺钉头的开口吻合，否则在拧螺钉时会把钉头拧坏。

涂装工具

模型制作完毕后，就需要涂装上色。涂装所需要使用的基础工具，如下表。

涂装工具	说　明
笔	采用动物毛制成，笔毛柔软有弹性。水粉画用笔也可以。笔使用完毕后可用香蕉水（也叫天拿水）清洗。
涂料皿	盛放涂料的工具。可以用家里盛调料的小碟子。

调漆棒	不锈钢材质的小棒，两端制成舀漆以及搅拌的工具，小勺控制舀出的漆量，可以精确调色。
模型漆	分为硝基漆、水性漆、油性漆和珐琅漆。一般建议初学者使用硝基漆。
溶剂	根据漆质的不同，溶剂的选择也很重要。
防护	油漆有毒，所以要进行适当的防护，口罩和手套是最基本的用品。

其他会用到的小道具

在模型制作过程中，还有许多实用的小道具可供我们使用。比如模型制作中经常要碰到细小零件，这时你就需要一把好用的镊子，在处理小部件或帖纸时很有作用。建议购买弯头尖嘴，而且后面有锁扣的那种；牙签在处理一些小地方时可以起到作用，还能作为固定部件；透明胶带在假组合时可以暂时固定部件；宽胶带和牙签配合，可以用来固定部件；使用夹子，在涂装时可以避免直接用手拿的弊端，多准备一些不同大小的夹子，以符合不同的部件。

航空模型的今天与明天

模型制作的其他小道具

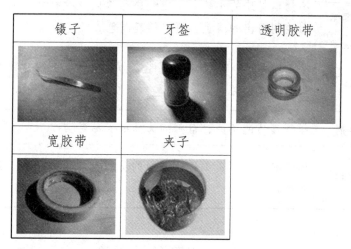

镊子	牙签	透明胶带
宽胶带	夹子	

以上几种就是模型制作中最基础的工具，对于初学者来说这仅仅是踏向模型制作之路的第一步，如何使用好这些工具，是模型制作的基本功，也是成为高手的必经之路

10. 简易型弹射滑翔机的制作

弹射模型滑翔机是模型飞机中最简单的一种，它结构轻巧，材料价廉，简单易做，放飞时不受场地限制，所以最适合学校开展航模活动时选用。在这一节里，我们来制作一架用泡沫吹塑纸制作的简易弹射模型飞机。

材料准备

厚 1 毫米、宽 50 毫米、长 240 毫米的泡沫吹塑纸，厚 3 毫米、宽 15 毫米、长 260 毫米的松木条，直径 1～1.2 毫米、长 140 毫米的细竹丝，0.5～0.75 毫米厚的桐木片。

绘制图纸

可按 1:1 的比例绘制工作图纸，具体尺寸如下图。

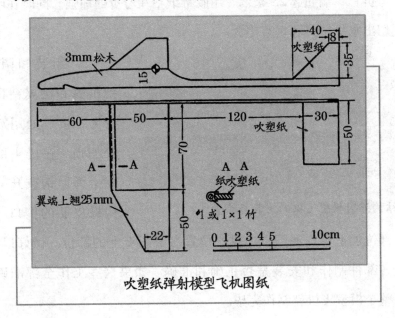

吹塑纸弹射模型飞机图纸

制作步骤

1. 制作机身：在松木条上，按照图纸尺寸画出机身，用小刀把多余的部分切掉，然后用砂纸把机身打光。为增加机翼和机身连接处的强度，可以在连接处粘上两条薄绸条。弹射钩用钢丝制作，用线绑在机身上。也可以直接在机身上用小刀挖一个槽口作为弹射钩。为了减

航空模型的今天与明天

少落地时的冲撞力，在机头上还可以套上一个橡胶套或者塑料套。

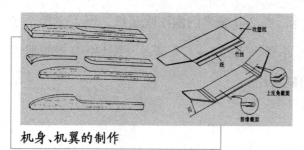

机身、机翼的制作

2. 制作机翼和尾翼：按尺寸从吹塑纸上切下机翼，紧贴机翼前缘用薄纸粘上一根细竹丝。机翼两端向上弯折，翼端翘起25毫米，用胶带纸粘在弯折处加强。同时在吹塑纸上切出水平尾翼和垂直尾翼。

木结构弹射模型飞机的组装与检查

3. 组装和调整：把机翼和尾翼粘在机身上，接口处用双面胶加强。在机头部位装上弹射钩或开一个钩橡皮筋的槽口。在机头部位加上橡皮泥配重，重心位置参照图纸上的部位。做好以后，检查各部件制作和安装是否正确和准确。如果这些工作全部准确无误，整个模型飞机就制作完毕。

试飞和调整

手投试飞时，先通过对水平尾翼和垂直尾翼的调整，使模型飞机能够作平稳的直线滑翔，然后通过垂直尾翼的调整使模型能向左盘旋。

弹射时，一般左手拿橡皮筋，右手拿模型飞机，使机身大约上仰45度，机翼向右倾斜着弹出去。开始试飞时不要太用力拉橡皮筋，先

用小弹力试飞，如果飞行正常，再逐渐增加弹射力量。模型飞机弹射出去后的正常飞行轨迹是：模型飞机向右沿着倾斜的大弧线上升，到达一定高度后自动转入向左盘旋滑翔。

如果模型飞机上升过程中弧形半径太小，又不怎么上升，可以把水平尾翼后缘稍稍向下弯，用来增加水平尾翼的升力，克服模型飞机抬头的力量。如果经过这样调整以后，模型飞机在滑翔的过程中出现大角度下降的"头重"现象，可以用稍稍减轻机头重量的方法来调整。如果模型飞机右旋上升得很好，但转入滑翔后总要下降很多才能平稳地滑翔，可以稍稍上翘水平尾翼后缘，模型飞机就能较快地抬头了。

弹射模型飞机的调整比较复杂，要在多次试飞中反复摸索，要考虑到各种因素可能对它的影响，细致地进行调整。

11. 模型飞机的放飞

初学控制模型飞机操纵的爱好者，在操纵模型作基本的起落航线飞行练习时，要逐步熟悉发动机油门变化操纵和模型地面滑行、起飞离地、爬升转弯、平飞；下降着陆等运动姿态的操纵。掌握这些动作不是一朝一夕的事，需要循序渐进地反复练习，不断总结经验和不断领会，掌握操作要领。只有经过刻苦地练习，才有可能逐步摆脱"被模型操纵"的局面而真正开始操纵模型。

首次飞行，应当选择晴朗无风的天气，并选择一个能确保飞行安全的场所。遥控模型爱好者都知道，即使是有丰富飞行经验的遥控模

型操纵者，也不能保证每一次飞行都不出事故。因为造成飞行事故除了操纵者本身的原因外，还有遥控设备突发故陷、机械故障等难于预知的原因。所以，应当尽可能避免那些有可能造成事故的因素，并选择一个即使飞机模型失控坠毁，也只是模型本身的损坏而不致造成其他损失的飞行场所，这点对于初学者尤为重要。到了飞行场地，如有其他的模型在飞行，应主动向先到的操纵者查询对方使用的无线电频率，以避免相同频率的电波同时出现，相互干扰而使模型失控。

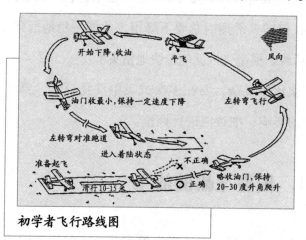

初学者飞行路线图

左图是初学者练习飞行常用的飞行路线。在进行这样的升空飞行练习前，建议先作如下地面滑行起飞、下滑着陆练习：选择一个平坦的场地，"跑道"不少于100米长，而且应尽可能正对迎风方向。打开控制设备发射机、接收机，确认电源充足后，操纵各个动作舵面，检查它们是否正常。检查控制距离最简单的方法是，不拉出天线将发射机与接收机拉开距离，直到接收机基本上还能接收到发射机信号为止。这个距离乘上10倍，大致上就是最大地面控制距离。空中控制距离一般是地面控制距离的2~3倍。这点，不同性能的控制设备的表现会略有不同。本文介绍的四通道控制设备；在工作正常的情况下，地面控制距

离为 200～300 米，空中为 500～800 米，控制范围因环境条件而异。
启动发动机，被查其最大油门和怠速状态下的运转情况。如一切正常，
收小油门并将模型置于跑道上，对着迎风方向，缓缓加大油门，让模
型往前滑行。这时升降舵控制杆置于中立位置。本文介绍的模型的
导向轮是不能操纵的，应尽量调整导向轮让模型在地面滑行时保持直
线运动。当模型往前滑行的速度随着发动机油门加大而加快时，方向
舵开始起作用，这时，可以用方向舵来帮助修正方向，当模型速度越
来越快，而且机身开始发飘时，表明模型即将获得必需的起飞速度。
这时，收小油门，使模型逐渐停止滑行。重复上述练习若干次，确认
已掌握模型滑行起飞时保持直线的运动要领后，可以进行如下练习：
在模型开始往前滑行时，柔和、不间断地迅速将油门加至最大，模型
滑行 10～15 米距离时（此距离因风速、跑道情况、模型本身的情况等
因素有所不同）柔和地略往下"带杆"（抬起升降舵），模型便会拔地
而起，飞向空中。模型离地后，应稍稍"松杆"（放下升降舵使之接
近中立而又略偏上），使模型以 20～30 度的爬升角爬升。待模型升高
至 3～5 米时，往下"顶杆"（升降舵略偏下），同时逐渐收小油门，
使模型由爬升转入下滑。操纵模型的升降舵，使模型保持 20～30 度的
下滑角下降。当模型下滑至距地面 1 米高度时，收尽油门，同时柔和
地抬起升降舵，使模型由下滑转入平飞。当模型距地 20～30 厘米即将
接地时，进一步抬起升降舵，使模型机头略上仰成"两点姿势"飘飞
一小段距离后下沉着陆滑跑。模型起落架两后轮应先接地，然后前轮
接地。在上述练习过程中，必须随时注意用方向舵修正模型的方向，

使模型整个运动过程尽可能呈直线。重复进行上述练习，直到确认已熟练掌握上述练习涉及的动作要领为止。

经过上面的练习，可以进行左盘旋起落训练：模型离地后，保持30度左右的爬升角，在3米高度处将油门收小到油门操纵杆行程的2/3～3/4范围内，然后在向左偏转方向舵的同时向左移动副翼操纵杆。在操作上，这动作称为"压杆偏舵一杆舵一致进入"。当模型由于舵面变化而获得左偏航力矩和左滚转力矩时，模型便会机头左偏同时机身和机翼左倾，以左盘旋的姿态飞行。此时，机身横轴由于左倾而与水平线形成一个夹角，习惯上称此夹角为横型倾侧的"坡度"。"坡度"的大小与盘旋航线半径密切相关。初学者宜以20～25度的小"坡度"和30～40米的半径练习盘旋飞行。必须注意的是：当操纵模型的方向舵和副翼使模型呈现上述左盘旋飞行姿态时，必须使方向舵和副翼回复中立，操作上称为"回杆回舵"。如果不"回杆回舵"，模型便会因不断获得偏航力矩和滚转力矩而"坡度"越来越大，盘旋半径越来越小，最后进入螺旋状态一头栽下地面。对于初学者来说，要在低高度条件下把进入螺旋状态的模型改出，几乎是不可能的。让模型左盘旋爬升到20～25米的高度，并与起飞航向相反时，逐步收小油门并使升降舵略下偏，让模型保持原来的左盘旋姿态，由爬升转入下滑。下滑角以20～30度为宜，视情况而定。模型下滑到距地面10米时，使油门中速；距地面2～3米时，收尽油门，保持下滑角继续下降。操纵模型盘旋下降到机头接近起飞方向上差15～20度时，应向右拨动方向舵操纵杆和副翼操纵杆，使机身横轴回复至与水平线平行的

状态，这个动作称为"返杆返舵改平"。如果操作得当，改平后的模型机头刚好对准着陆跑道。这时，可用前面已练习过的着陆方法，将模型降落到跑道上。

参照左盘旋飞行练习的方法，练习操纵模型进行右盘旋飞行。在实际操作中，各种因素的影响会给学习操纵者带来许多困难，失败的可能性也很大。例如，当模型进入与起飞方向相反的飞行状态时，因模型由机尾对着操纵者变成机头对着操纵者，舵面操作动作完全相反了，初学操纵者很有可能因反应不过来而做出错误动作，于是模型可能便会因失控补救不及而坠毁。当然，这些是有可能出现但并不一定出现的情况。操纵者只要持之以恒，耐心地反复进行练习，短时间内掌握模型飞行操纵要领是完全有可能的。

用手掷的方法也可以使模型起飞，如右图所示。将油门升到最大，手举模型迎风迅速前跑，当手感觉模型上浮时，柔和地将模型机头略向上掷出，同

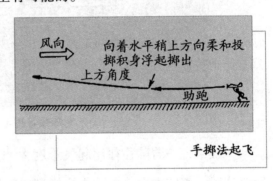

手掷法起飞

时迅速地将掷模型的手放回发射机操纵杆上，根据模型出手后的飞行姿态动作敏捷地进行修正，使模型按预定的姿态、航线飞行。

影响模型起飞离地后爬升姿态的因素很多，例如操纵者的熟练程度、模型本身的性能、侧风和阵风以及不稳定的气流等。操纵者只有经过长期的实践，才能逐步积累经验，从容自如地操纵模型克服各种

不利因素，自由自在地飞行。

下图给出两种用于模型飞机操纵练习的航线。操纵者具备了一定的基础后，可以参照这些航线进行难度稍大一点的飞行练习。

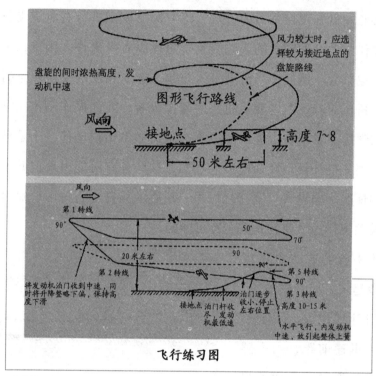

飞行练习图

一般来说，着陆往往比起飞难度大一点，因为操纵者要同时根据跑道位置、着陆方向、着陆点、模型飞行高度与速度、风向风速等参数来选择对准跑道前的最后一个转弯点（操作上习惯称为"第 4 转弯点"，这是因为标准的起落航线飞行从起飞到着陆经过 4 个转弯），而且与此同时还要操纵模型以合适的速度和下滑角准确地到达这个转弯点。

右图显示的是 4 转弯点正确与否对模型飞行姿态产生的影响。4 转弯点偏前, 模型将难于进入正确的最终着陆航线而偏离跑道和接地点。

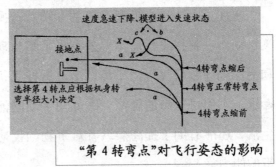

"第 4 转弯点"对飞行姿态的影响

若 4 转弯点偏后, 模型将会因为转弯半径过小、"坡度"过大、速度急剧下降导致失速, 补救不及可能会坠毁模型。

正常的最终着陆动作如下图所示。有时因场地限制, 或风向变化, 模型着陆时会受到侧风与跑道方向形成某个角度的风向影响。在同一侧风下, 模型着陆速度越大, 需用方向舵和副翼来修正侧风影响的舵面偏角越小; 当模型着陆速度不变时, 侧风越大, 所需操纵面的偏角也越大。因此, 当模型必须在有侧风的情况下着陆时, 若侧风不大, 可以用带倾斜和侧滑的直线飞行使机身轴线对准跑道平飘接地。如果

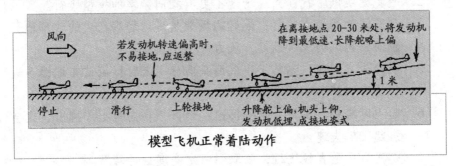

模型飞机正常着陆动作

侧风较大, 必须加大着陆速度, 或者, 偏转模型机头对准侧风消除侧滑, 直到模型即将接地时, 迅速偏转方向舵, 及时调转机头, 使机身轴线与跑道平行。

掌握了上述操纵模型飞机基本功后，操纵者可以学习更为复杂的飞行动作、特技飞行动作，进一步了解与现代飞行器有关的各种知识和更深刻地领略飞行的乐趣。学习遥控飞机模型的制作、调试和飞行操纵，不但可以启迪思维、锻炼动手动脑能力和丰富课余、业余文化生活，还能有助于提高操纵者对事物的反应速度和迅速作出判断及决策的能力。

遥控滑翔机首飞注意事项

最重要的三点：

1. 充足电池：强大的动力最关键。
2. 对准风向：起飞必须对准风向，逆风起飞。
3. 柔和操纵：必须柔和操纵，操纵飞机与操纵汽车是有区别的。其他的建议如下。记住得越多，飞行成功的可能性越大：

1. 遥控距离测试：遥控器天线不拉出时，应有20米的控制距离
2. 避免无线电干扰：同一场地不要有相同频率的模型飞行。
3. 到宽阔的场地去飞行：最好的场地是足球场那么大的软草地。
4. 晴朗、无风的天气最好，风力应小于3级。
5. 别打错方向舵！尤其当飞机迎头向你飞来时！应该在地面多进行滑行训练。
6. 起飞时应将飞机用力水平掷出：千万不要向斜上方掷出，这会引起飞机失速。
7. 起飞后尽量直线飞行，争取到一定高度后再转弯。
8. 利用电脑进行模拟训练，非常有效！
9. 尽量请有经验的人陪伴：这比什么都有用！
10. 训练的顺序应该是：高空直线飞行→高空左右转弯→高空上升下降→起飞→着陆。

11. 起飞：逆风状态下起飞，滑跑距离约 20 米，再拉起升降舵。

12. 着陆：在着陆前先关闭马达，保持逆风，滑翔至离地面较近时，稍稍拉起升降舵就可柔和着陆。

12. 飞行调整的原理

飞行调整是飞行原理的应用。没有起码的飞行原理知识，就很难调好飞行模型。

起飞

飞机和模型飞机之所以能飞起来，是因为机翼的升力克服了重力。机翼的升力是机翼上下空气压力差形成的。当模型在空中飞行时，机翼上表面的空气流速加快则压强减小；机翼下表面的空气流速减慢则压强加大（伯努利定律）。这是造成机翼上下压力差的原因。

造成机翼上下流速变化的原因有两个：①不对称的翼型；②机翼和相对气流有迎角。翼型是机翼剖面的形状。机翼剖面多为不对称形，如下弧平直上弧向上弯曲（平凸型）和上下弧都向上弯曲（凹凸型）。对称翼型则必须有一定的迎角才产生升力。

升力的大小主要取决于四个因素：①升力与机翼面积成正比；②升力和飞机速度的平方成正比。同样条件下，飞行速度越快升力越大；③升力与翼型有关，通常不对称翼型机翼的升力较大；④升力与迎角有关，小迎角时升力（系数）随迎角直线增长，到一定界限后迎角增大升力反而急速减小，这个分界叫临界迎角。

航空模型的今天与明天

平飞

飞机的水平匀速直线飞行叫平飞。平飞是最基本的飞行姿态。维持平飞的条件是：升力等于重力，拉力等于阻力。

由于升力、阻力都和飞行速度有关，一架原来处于平飞状态中的模型如果增大了马力，拉力就会大于阻力使飞行速度加快。飞行速度加快后，升力随之增大，升力大于重力，模型将逐渐爬升。为了使模型在较大马力和飞行速度下仍保持平飞，就必须相应减小迎角。反之，为了使模型在较小马力和速度条件下维持平飞，就必须相应的加大迎角。所以操纵（调整）模型到平飞状态，实质上是发动机马力和飞行迎角的正确匹配。

爬升

前面提到模型平飞时，如加大马力就转为爬升的情况。爬升轨迹与水平面形成的夹角叫爬升角。一定马力在一定爬升角条件下可能达到新的力平衡，模型进入稳定爬升状态（速度和爬角都保持不变）。稳定爬升的具体条件是：拉力等于阻力加重力向后的分力；升力等于重力的另一分力。爬升时一部分重力由拉力负担，所以需要较大的拉力，升力的负担反而减少了。和平飞相似，为保持一定爬升角条件下的稳定爬升，也需要马力和迎角的恰当匹配。打破了这种匹配将不能保持稳定爬升。例如马力增大将引起速度增大，升力增大，使爬升角增大。如马力太大，将使爬升角不断增大，模型沿弧形轨迹爬升，这就是常见的拉翻现象。

滑翔

滑翔是没有动力的飞行。滑翔时，模型的阻力由重力的分力平衡，所以滑翔只能沿斜线向下飞行。滑翔轨迹与水平面的夹角叫滑翔角。

稳定滑翔（滑翔角、滑翔速度均保持不变）的条件是：阻力等于重力的向前分力（$X = G\sin\theta$）；升力等于重力的另一分力。

滑翔角是滑翔性能的重要方面。滑翔角越小，在同一高度的滑翔距离越远。滑翔距离（L）与下降高度（h）的比值叫滑翔比（k），滑翔比等于滑翔角的余切滑翔比，等于模型升力与阻力之比（升阻比）。

滑翔速度是滑翔性能的另一个重要方面。模型升力系数越大，滑翔速度越小；模型翼载荷越大，滑翔速度越大。

调整某一架模型飞机时，主要用升降调整片和重心前后移动来改变机翼迎角以达到改变滑翔状态的目的。

调整手段

调整模型不但要注意力的平衡，同时还要注意力矩的平衡。力矩是力的转动作用。模型飞机在空中的转动中心是自身的重心，所以重力对模型不产生转动力矩。其他的力只要不通重心，就对重心产生力矩。为了便于对模型转动进行分析，把绕重心的转动分解为绕三根假想轴的转动，这三根轴互相垂直并交于重心。贯穿模型前后的叫纵轴，绕纵轴的转动就是模型的滚转；贯穿模型上下的叫立轴，绕立轴的转动是模型的方向偏转；贯穿模型左右的叫横轴，绕横轴的转动是模型的俯仰。

对于调整模型来说，主要涉及四种力矩；这就是机翼的升力力矩，水平尾翼的升力力矩；发动机的拉力力矩；动力系统的反作用力矩。

机翼升力力矩与俯仰平衡有关。决定机翼升力矩的主要因素有重心纵向位置、机翼安装角、机翼面积。

水平尾翼升力力矩也是俯仰力矩，它的大小取决于尾力臂、水平尾翼安装角和面积。

拉力线如果不通过重心就会形成俯仰力矩或方向力矩，拉力力矩的大小决定于拉力和拉力线偏离重心距离的大小。发动机反作用力矩是横侧（滚转）力矩，它的方向和螺旋桨旋转方向相反，它的大小与动力和螺旋桨质量有关。

俯仰力矩平衡决定机翼的迎角：增大抬头力矩或减小低头力矩将增大迎角；反之将减小迎角。所以俯仰力矩平衡的调整最为重要。一般用升降调整片、调整机翼或水平尾翼安装角、改变拉力上下倾角、前后移动重心来实现。方向力矩平衡主要用方向调整片和拉力左右倾角来调整。横侧力矩平衡主要用副翼来调整。

航模发动机使用的注意事项

1. 发动机在模型飞机上要安装稳固，发动机架上的几个固定点受力要均匀，不要有产生变形趋势的不均匀受力。发动机架还要有一定的减震装置。

2. 发动机架的强度不要太大，这样当飞机掉下来时发动机架先坏，可以减小发动机损坏程度。另外，还可以让发动机架往前伸，能起保护油针的作用。

3. 由于航空模型发动机转速很高，使用时必须注意安全，否则容易引起严重事故。不要使用金属螺旋桨，不要使用损坏过又黏起来的螺旋桨。螺旋桨和桨帽等旋转部分必须固定好，以免高速旋转时甩出来伤人。起动时人要躲开螺旋桨的旋转平面，调整发动机时手指不要碰到螺旋桨。

4. 对于有毒、易燃的燃料要严加保管。使用时要小心操作，不得近火，不得入口。

5. 模型飞机飞行后要对发动机进行检查，及时维修。如果当天不再飞行了，要把油箱内的剩油吸出，并用汽油清洗发动机内部。清洗后从排气口滴入几滴蓖麻油，再拨动几下螺旋桨，使蓖麻油进入发动机，然后用布包好。

6. 遇到摔飞机事故要妥善处理。把沾满泥土的发动机捡回来以后，切不可转动螺旋桨轴，否则活塞和汽缸会被砂粒等脏物划伤，造成严重漏气。处理的方法是先用注射器冲洗发动机枪外部，再把发动机拆开，彻底清洗每一个零件，并且检查它们的损坏程度。最后把发动机装好后再使用。

13. 空中转弯的操作方法

模型飞机的飞行大致上可以分为起飞、空中转弯和降落三个部分。其中最简单的就是空中转弯，接下来才是起飞和降落。所以初学者一定要从空中转弯开始学起了。那么，为什么要在空中转弯呢？学习在空中完美地转弯，不只是提升等级的一个重要关键，也是挑战高技术时的重要的角色。对于想要飞遥控飞机的初学者而言，完美无缺的转弯技术将使遥控飞机加倍的有魅力。总之，完美的空中转弯是要学的各种飞行技术中最要基本的。

要学习空中转弯，当然首先是就要会使飞机在空中飞行。这个在刚开始时，可以先请指导者帮忙就可以了。先请指导者把飞机飞上天，并做好微调，使飞机可以直线飞行，飞到了足够的高度之后，再好好地控制发动机的速度就完成先前的准备工作了。放松心情，深呼吸，训练就要开始了。

空中转弯操纵杆的动作是很简单的在学习空中转弯之前，先来复习一下遥控器的操作和舵的动作。基本上，初学者在空中盘旋时所使用的舵有两种，一种是升降舵，一种是副翼。可能有人会问："怎么不用方向舵来转弯呢？"的确，4动作的飞机是由方向舵在控制机体的左右摆动，有些初学者用的飞机没有副翼，所以有人会觉得奇怪。但是，对于初学者而言，要学习空中盘旋并不需要方向舵。也就是说，方向舵即使是固定式的，飞机还是可以盘旋。甚至有些指导者为了避

免操纵杆的操纵错误而造成机身乱动，因而建议初学者在使用4动作的飞机时，将方向舵固定住。飞机是靠副翼来左右摆动，并由打上舵、来维持盘旋的高度。它并不像车子和船只用方向舵来改变方向。没有副翼的飞机是用方向舵使机体转弯的。可是，大部分的飞机在打了方向舵之后和机身要进行转弯之前，会有一些时差。也就是说，你打了方向舵之后，隔了一段时间才会看到机体明显的转弯动作。而就飞行上的经验来说，使用方向舵来转弯，虽然机身不致于会掉高度，但是往往转弯半径会很大，使得操纵者有点不太习惯。这点和打了一点点的副翼，飞机要是有很明显倾斜的话，效果是完全不同的。因此，机体的选择对于一个初学者而言，也是很重要的。另外，虽然说是练习机，但是副翼的舵角调整还是照说明书调好，如此一来初学者就可以得到最良好的反应了。

实际上飞机在空中转弯很复杂，同样包括这三个动作。以向左转为例，飞行员踩左脚蹬，方向舵发生偏转，同时向左压杆，副翼偏转，飞机左滚转一定角度后回杆，这个过程叫做压坡度。此时由于机翼不水平所以升力已经存在一个很小的左分量，飞机已经在左转，但转弯半径大而且在掉高度，所以飞行员此时要拉杆使升降舵偏转，飞机做俯仰动作，机头上抬，产生了更大的升力，这样飞机就可以在不丢高度的情况下实现小半径左转。在转弯到一定角度后，飞行员将杆复位，松开脚蹬，同时向右压杆，又滚转至水平位置，回杆。这样就完成一个左转动作。很多时候飞机的转弯只是利用操作杆完成，曾经玩过航模的人都应该清楚，方向舵不过是起飞和降落时和前起联动调整划跑

时才会用到，空中转弯完全依靠副翼和升降舵完成。

14. 模拟遥控飞行

模拟遥控飞行，简单地说就是通过模拟器和模拟软件，在电脑屏幕上模仿真实的模型飞机进行飞行。据统计，国内外70%以上的模型爱好者在学习飞行之前都要进行模拟训练。模拟器是进行这一运动必备的硬件，它的设置和操纵方式与真实模型飞机的遥控器一模一样，甚至有些真实模型飞机的遥控器通过特定装置可以直接接入电脑。模拟软件的设计是全真模拟，其中的飞行场景是通过拍摄真实飞行场面获得的，具有高度的仿真性。模拟模型飞机则是根据市场上各种流行的模型飞机的实际参数设计的，甚至美化图案都完全一致，其性能与真实模型飞机的相似率高达90%以上，操作者还可以在模拟软件中对自己的模型进行新的设计和修改，并能够立即体验到修改后的飞行效果。目前，市场上既有水平较高的商业模拟软件，也有世界各地的模型爱好者自己编写的、可以自由下载交流使用的免费软件。这种免费软件，使参与活动的花费大幅度降低。爱好者选择使用模拟软件，往往是从简单好飞的入手练习，练习后就能购买到相同的模型飞机进行实地的飞行训练，达到事半功倍的效果。

模拟飞行和模拟遥控飞行近年来不断开展活动，扩大影响，受到社会的好评。模拟飞行是国际航空联合会正式开展的运动项

目，其全球近百个成员国中遍布着众多爱好者。2004 年，中国航空运动协会在武汉市举办了首届模拟飞行国际邀请赛总决赛，来自世界 8 个国家的 24 名模拟飞行顶级高手参加了这次角逐。

2007 年 7 月在南京市举办了全国模拟遥控飞行比赛，来自全国包括香港特别行政区在内的 7 省市区 9 支代表队的 56 名选手参加了比赛。

从事模拟运动需要物理、数学、外语、机械、航空、气象以及计算机等多方面的知识和动手技能，是寓教于乐的极佳载体，因此也吸引了青少年爱好者的视线。北京的 57 中学，在课外活动小组开展了模拟飞行教学，学生兴趣浓厚，报名踊跃。经过一段时间的模拟飞行驾驶训练后，选拔出表现出色的学生到山西大同航校体验真实飞行。这种互动体验形式激发了学生们对航空事业的向往和热情，很多孩子立志长大后成为一名飞行员。郑州的第八中学、南京的南航附中试点开展了模拟遥控飞行活动，学生亲自设计和动手制作空模、车模和海模等，并通过模拟操控，初步掌握模型操控的技巧。这一活动启发了青少年学生的科学思维方式，培养动手实践探索，全面提升科技素质。模拟运动不仅教授科技体育的参与技能，更重要的是教会青少年科学的人生观，为其全面发展提供正确和有益的渠道。实践证明，模拟运动对青少年有相当广泛的吸引力，而它的健康内容能把沉迷于网络的人们拉回到现实世界的体育健身活动中来，使学生欢迎，学校满意，家长放心。

模拟运动的竞赛采取统一管理和规范化操作的原则，保证竞赛的公正性和权威性。竞赛方式按照虚拟和现实相结合、网络竞赛和实地集中竞赛相结合的方式进行。首先进行软件模拟比赛，而后进入真实项目竞赛，最后的成绩为两阶段比分之合。

模拟运动使科技体育在普及途径和活动方式上取得了突破，使科技体育的发展进入电子时代的新维度。

15. 模型火箭的制作

模型火箭的设计和制作是研制模型火箭的两大支柱。模型火箭制作分单件制作和批量制作，前者多为个人行为的手工制作，后者则由厂家采取模具和机械加工；前者用料多为纸板、木料和塑料板，后者主要使用纸张和塑料制品。

下面着重介绍手工制作单件模型火箭的材料、工具和具体零部件的加工方法。

材料和工具

手工制作模型火箭的常用材料有纸和纸板、轻木、塑料、复合材料等。常用工具有：工作台板、30 模型刀、45 模型刀、折断式壁纸刀、手锯、钢丝锯、什锦锉、微型台钻或手钻、直尺、圆规、砂纸、胶纸带、502 胶、毛刷等。上述工具可以根据需要选用。

结构和制作

模型火箭结构简单，飞行速度较快（相对于航空模型）。因此制作模型火箭必须认真细致，火箭总体必须做到轴对称、表面光滑。为此，模型火箭的各零部件必须精细加工，例如4片尾翼应做到形状、

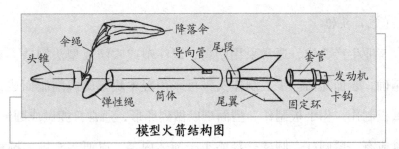

头锥　伞绳　　导向管　尾段　降落伞　套管　发动机　卡钩　固定环　尾翼　筒体　弹性绳

模型火箭结构图

大小、厚薄一样，而且必须相对火箭轴线对称均布。否则，火箭飞行轨迹会发生偏离。另外火箭的质心位置应尽可能地靠前，以便使压心在质心的后面，保证火箭稳定飞行。所以，对于头锥，可以选用密度大一点的材料；对于尾段和尾翼，则应选用密度小一些的材料，且厚度要尽可能地薄。

（一）箭体筒段

箭体筒段（筒体）是模型火箭的主要零件，它支撑、装载着模型

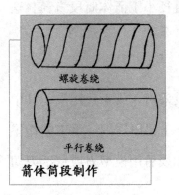

螺旋卷绕

平行卷绕

箭体筒段制作

火箭的其他零部件，其外径即模型火箭的直径。通常使用铜版纸或纸板制做箭体筒段。工业生产箭体筒段以纸为原料，用卷管机卷压成型，或螺旋卷绕，或平行卷绕；手工生产则多通过芯模将纸或纸板卷制成型。此外，也可用轻木片卷压成型、

— **159** —

用玻璃布或玻璃纤维缠绕/浸渍环氧树脂成型。但目前市场上大量销售的箭体筒段多采用薄壁塑料管材，直径较大的箭体筒段则采用玻璃纤维/环氧树脂管。正式比赛用模型的箭体筒段常采用玻璃钢或碳纤维/树脂制品。

（二）头锥

工业生产头锥，通常采用塑料，以注塑或吹塑成型法制造，其尺寸精确，表面光洁。手工制作头锥可采用轻木块车旋或削制而成，或以纸板制作。用纸板制作，型面难以做到卵形，通常只能做成圆锥形。头锥应有一段圆柱，圆柱外径略小于箭体内径，以便将头锥的圆柱插入箭体筒段的前端。木制头锥应以砂纸打磨光滑，以利减小气动阻力和便于喷涂涂料。

（三）尾段

尾段是用来安装发动机和尾翼的。但手工制做模型火箭时，最好将尾段与箭体筒段做成一体。尾段一般采用塑料，以注塑方法制造，但应设法使壁厚尽量减薄，以免尾段质量过大，使模型火箭质心后移。工业生产的尾段可以做成船形，即其底部直径小于箭体筒段直径，这样有利于减小底部阻力。

（四）尾翼

尾翼是用来稳定模型火箭飞行的，一般采用 3 或 4 片尾翼，其中性平面应通过火箭轴线，并对称、均匀分布于尾段周围。手工制作尾翼可以采用轻木片、纸板或 ABS 塑料片，划线后用模型刀或壁纸刀切割（注意：各尾翼大小、厚薄应一致）。

由于希望模型火箭的质心在压心之前，因此要求尾翼尽可能轻。而纸板的密度较低，但刚性小；轻木密度也低，刚性比纸板好，而且可以削制得很薄，气动阻力小，因此以轻木制作尾翼最佳。木制尾翼应注意木纹方向与尾翼前缘平行，以便增加尾翼强度，延长使用寿命。除纸尾翼和光滑塑料外，尾翼表面应以砂纸磨光，并使其前缘打磨成圆弧形，后缘打磨成刀口状（即机翼横剖面呈流线形），以利减小气动阻力。

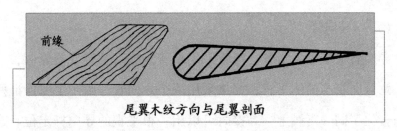

尾翼木纹方向与尾翼剖面

（五）发动机固定架

发动机固定架的作用，是使安装在箭体筒段内的模型火箭发动机得以固定，确保模型火箭在发射、飞行和回收过程中，发动机不会脱离箭体。由于常用模型火箭发动机的外形基本相同，而模型火箭直径各不相同，为便于更换发动机，所以需要采用发动机固定架。固定架通常由套管、固定环和卡钩组成。套管和固定环一般采用纸板制作，套管长度通常为发动机长度的70%左右，视发动机后端伸出套管的长度而定。一般地，发动机安装后应露出10～20毫米，以便更换。固定环的宽度应尽量小，以减轻其质量。

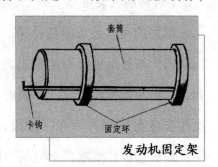

发动机固定架

采用尾段的模型火箭，尾段本身就含有套管和固定环。如果没有尾段，而箭体筒段内径大于 18 毫米，将套管（视情况带或不带固定环）以502 胶固定在筒段后端，注意筒段端面与套管端面平齐。如果筒段内径为 18 毫米，等于发动机名义外径，则可在筒段后段两尾翼间的侧面安上卡钩，发动机即可直接置于筒段内。卡钩一般做成两端折成 90° 的小钩，钩长约 4 毫米，卡钩的两钩之间的长度等于发动机的长度加1~2 毫米。

（六）导向管

导向管又叫做发射管，通常采用纸管制作。粘接导向管时，一定要注意导向管与箭体平行；如果采用两个导向管，则一定要保证两个导向管位于同一直线上，黏接时可以用一根平直的导向杆定位。这一点非常重要，否则，可能发生一个导向管套上了，另一个套不上；或者，虽然都套上了，但火箭在导向杆上运动时会因二导向管稍许错位而发生颤振，火箭出杆后会发生翻滚。发射架导向杆的平直度也至关重要，它也会影响火箭起飞和飞行的稳定性。如果采取导轨式发射架，则不需要导向管。

（七）回收装置

常用的回收装置是降落伞，是用来使模型火箭缓慢降落的装置，以减轻火箭接触地面时的撞击力，延长火箭的使用寿命。降落伞由伞布、伞绳和弹性绳组成。一般的高度和留空模型采用塑料薄膜（如一次性餐桌布）制作伞布，按设计要求剪裁；然后以压敏胶纸黏接伞绳；最后按设计要求将伞绳与弹性绳连接在一起。对于大型模型火箭，

最好用薄丝绸或尼龙绸做伞布，伞绳与伞布以针线缝合牢靠。

剪裁降落伞伞布的方法如下：取正方形伞料，以其对角线的交点为尖点，对折、再对折，叠成 8 角、16 角形；或者对折后，再 3 折，而后对折、再对折，叠成 6 角、12 角、24 角形；以最短折叠边为半径，以尖点为圆心，用剪刀剪去边角，展开后就得到所需要的降落伞布。

伞绳采用不易打结的涤纶线绳，或以压敏胶纸粘贴，或以线缝（绸或尼龙伞），比赛用降落伞的伞绳最少为 3 根。

组装和装饰

（一）安装尾翼

如果有尾段，先将尾段粘 502 胶插入筒体后端；然后将尾翼插进尾段的翼槽中［注意：尾翼后缘（或最后点）应在垂直火箭轴线的同一平面内］。最简单的校验办法是：将火箭直立在工作台板上，用三角板的直角边检查，看它是否与台面垂直。经过校正后，以 502 胶固定。

如果没有尾段，则尾翼直接黏接于箭体筒段上。为保证尾翼中性平面通过火箭轴线并均布于箭体周围，可采取以下方法黏接尾翼：

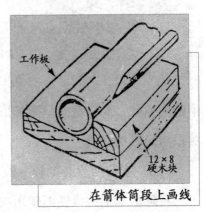

在箭体筒段上画线

首先等分箭体筒段后段，已知筒段外径为 2R，若 3 等分筒段，则以 $\sqrt{3}R$ 量取；若 4 等分筒段，则以 $\sqrt{2}R$

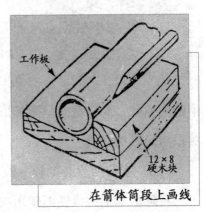
图中标注：工作板、12×8 硬木块

量取。或以下法等分筒段：

以一纸带卷于箭体筒段后段一周，在纸带未重叠的一段（其长度等于筒段周长）内，按尾翼数均分之（3 等分或 4 等分）；然后再卷到箭体筒段后段上，在筒段上标上等分标记。在箭体筒段上划出黏接尾翼的（与筒段轴平行的）直线。

在工作台板上以圆规画若干同心圆，最小圆直径等于箭体筒段外径，按尾翼数，将圆分成 3 等分或 4 等分，通过圆心画等分线，并适当延长。

将箭体筒段立于工作台板上，使筒段与最小圆周重合，并且使筒段上的等分线与工作台板上的等分线相对应，将尾翼根部和后缘分别对准筒段和工作台板上的直线，以 502 胶在翼根处黏接尾翼。如果尾翼为大后掠角，尾翼后缘超出筒段后端面，则应于筒段内套一圆柱体，使筒段后端面抬高到尾翼后缘超出的距离，然后如前法黏接尾翼。为了加强尾翼的黏接强度，可于尾翼根部与筒段结合处涂一点快干胶，待干后，将其修整平滑。为了减少筒段与尾翼间的气动干扰，在翼根与筒段接合处，充以填料，并打磨成光

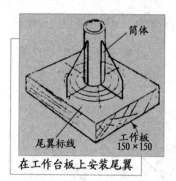

在工作台板上安装尾翼

滑的圆弧状；或以截面呈圆弧形的长条（长度等于翼根弦长）粘贴于翼根与筒段接合处。

（二）安装回收装置和头锥

将降落伞上的弹性绳较短的一头系在头锥上；另一头贴在 2.5 毫

米×40 毫米的医用胶布上，并用订书钉将弹性绳与胶布订在一起；然后将胶布贴到箭体筒段内壁面，胶布最外端距筒段端面约 40 毫米。

将降落伞按要求折叠后，置于箭体筒段内。将头锥的圆柱段插入箭体筒段。

（三）表面清理和涂装

虽然各零部件在制作时都进行了必要的打磨和清理，但在组装过程中难免会沾上灰尘和异物，在装饰前应该进行一次清理，必要时还要打磨。如果发现在非分离部位有缝隙，应以填料涂抹后再磨光。

表面清理后，即可进行装饰，自制模型火箭一般需要喷涂涂料。如果有塑料件，不可使用硝基涂料，最好使用油漆。颜色根据个人爱好选择或进行调配，但应做到美观大方，色泽协调。底层最好喷涂白漆，如果漆干以后，色泽不匀，可适当打磨后再喷涂一层白漆。待干后，喷涂色漆，如果以多种颜色组合，则应先涂浅色漆，而后涂深色漆；喷涂第二道漆时，应将第一道漆用纸包裹住。每次涂漆，都应待上一次漆干以后进行，并视情况，确定要不要进行打磨。有条件时，最好使用带喷枪的漆筒进行喷漆。如果制作者有绘画才能，可以在白纸上绘制图案，贴在箭体适当位置，然后罩一层透明涂料（清漆）。

为了保证喷涂品质，可以将一纸卷塞入箭体后段，左手握住纸卷，右手用喷枪喷漆。

对于仿真模型火箭，必须根据原型的颜色和图案进

用自喷漆喷涂火箭

行喷涂，不得自行其是。否则，比赛时将会被扣分。

简易水火箭制作

水火箭又称气压式喷水火箭、水推进火箭。用废弃的饮料瓶制作成动力舱、箭体、箭头、尾翼、降落伞。灌入一定数量的水，利用打气筒充入空气到达一定的压力，压力空气把水从火箭尾部的喷嘴向下高速喷出，在反作用下，水火箭快速上升，利用加速度、惯性滑翔在空中飞行，达到一定高度后，在空中打开降落伞徐徐降落。

下面具体介绍水火箭的制作。

所需材料与工具

3～6个可乐瓶、塑料管、双面胶、塑料胶条、1个橡胶嘴、1个塑料针筒筒口、1个自行车气门芯、木板。

剪刀、单面刀片、钳子、刻度尺、打气筒。

制作过程

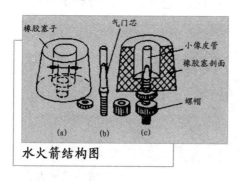
水火箭结构图

取一只1.5升的塑料饮料瓶，去除瓶底支架。配一只橡胶塞子，塞子中间挖两个不同直径的圆孔，其剖面呈阶梯形。孔内装一个自行车内胎的气门芯。再在气门心上套上小橡皮管并用螺帽旋紧，如左图所示。

第六章 航模知识十五问

如果一拿到书，你就直接翻到这一页，那么恭喜你，这一章你基本可以不看了。相信你已经能够回答这些问题，或者你自己就可以轻松找到类似的答案。如果你是顺次翻到或者偶然翻到这一页，那么我也愿意回答你的以下问题。当然，我也就比你早那么一会儿知道答案的。对，就是那么一会儿。

1. 学习航模，花费有多大，有意义吗？

1. 关于航模活动的费用问题：

如果是纯粹靠买飞机飞哪费用肯定很大，不是大款肯定支撑不下去。要是自己做飞机就用不了多少钱。而且买的飞机别看很贵，很少有好飞的。一架小手掷飞机或是两克橡皮筋飞机套材才2元，要是买半完成机就得10元以上。像火鸟403电动滑翔机也就300元，再配几块电池也不过500元，维修起来也容易。如果买商品化的完成机，没有几千元是飞不起来的，光是配套的工具器材就得2000元，要想真正会飞的少说也得几万块。

航空模型的今天与明天

2. 关于学习航模的益处：

因为飞机是三轴六自由度运动的物体，学习航模首先可以锻炼人的立体思维能力。其次可以锻炼人的动手动脑能力，飞机是非常精细机械装置，没有良好的制作技能是做不好的。还可以激发人对知识的渴求度，学会很多一般情况下学不到的知识。通过参加航模比赛还可以锻炼孩子的心理承受力，培养孩子与别人合作的能力等。总之益处是很多的，在这就不一一列举了。像美国、俄罗斯这样的航空航天大国，95% 以上的人小时候都学过航模。我国中科院的院长路甬祥，著名飞机设计师顾诵芬、程不时，都是在小时候学过航空模型。

2. 世界上最大的风筝有多大?

据报道，吉林李景阳在 2008 年 4 月 14 日放飞的巨型章鱼风筝，为世界上最大的风筝。

2008 年 4 月 14 日，吉林市世纪广场的天空上飞翔着一只章鱼状的巨型风筝。风筝制作者称，风筝约 1100 平方米，要想放飞它，得需20 个人。

风筝的制作者、吉林市民李景阳介绍说，这只巨型章鱼风筝全长82 米，宽 13.5 米，是他所知道的世界上最大的单线软体风筝。李景阳组织了七八个人共花近 8 个月的时间，才完成这只巨型风筝。

当日上午 10 时 30 分许，巨型风筝放飞前的准备工作基本完成，李景阳拿起手中的 1300 多根栓牢风筝的细线，在做最后的检查。

经过近 30 人的努力，这支巨型章鱼风筝终于飞上蓝天。现场围观的市民纷纷为李景阳的"大章鱼"加油助威，很多市民也自愿加入到放飞巨型风筝的队伍中。

李景阳表示，他将带着这只巨型风筝参加 4 月 20 日在山东潍坊举行的国际风筝邀请赛。"今天是第一次试飞，届时我们会在国际风筝节上将它再次放飞。"李景阳说，他已准备为风筝申请吉尼斯世界纪录。

李景阳制作的巨型风筝升空

此前，2005 年 2 月 15 日，一只以科威特国旗为图案的巨大风筝在科首都科威特城升起。作为"二月哈拉节"活动的一部分，科威特城这一天在市中心旗帜广场放飞了一只号称是世界上最大的风筝。该风筝长 42 米，宽 25 米，在天空的总体积达 950 立方米，打破了此前 633 立方米的世界纪录。

科威特的巨大风筝

荷兰曾在 1984 年展示一只世界上最大的风筝，无骨架，以尼龙布制成，放飞前要先充气，并由 8 吨的汽车牵引才能顺利升空。

航空模型的今天与明天

3. 线控模型飞机松线问题如何解决?

线操纵模型飞机作圆周飞行时操纵线的拉力平衡离心力起到向心力的作用,模型飞机的离心力拉紧操纵线,习惯上叫"外拉力"。松线是因为外拉力不足,也就是离心力太小,解决的办法就是增大离心力。决定离心力的因素反映在一个简单的公式里:

$$F = mv^2/R$$

式中:F—离心力,m—模型的质量,v—飞行速度,R—圆周半径

就是说,解决线操纵模型飞机松线的唯一途径是增大模型飞机的离心力,具体的措施有:

(1)增大飞行速度。如果有潜力,这是首选方案。

(2)缩短操纵线以减小圆周飞行半径,这个办法效果明显。

(3)试着增加发动机的右拉角,增加垂直尾翼或方向舵的右偏角。

(4)纠正机翼的扭曲变形。

(5)增大模型质量。但是如果不同时增大拉力,就会降低飞行速度。

4. 无线电遥控是如何实现的?

所谓的无线电遥控(简称 RC),就是利用无线电波对被控对象进

行远距离控制。无线电遥控设备一般由发射机、接收机和伺服舵机（或电子调速器）组成。

1. 发射机：用来将操纵指令转换为带有控制信息的无线电信号并向空中辐射。车辆模型用的发射机杆式和枪式两种。杆式发射机有两个操纵杆，左边的用来控制模型车的速度及刹车（或后退），右边控制模型车的方向。枪式发射机用一个转轮（方向盘）和一个类似手枪扳机的操纵杆来分别控制方向和速度。除了这些基本功能之外，一些较高级发射机还运用了先进的电脑技术，增加了许多附加的功能，如储存多辆模型车的调整数据，一机多用；有计时、计圈功能，方便练习和比赛；有大型液晶显示屏幕，可显示工作状态和各种功能。

2. 接收机：是用来接收发射机发出的无线电信号的。由于接收机是装在模型车上的，一般都尽量做得很小巧。例如：日本产的 FUTABA R－113F 型接收机，只有一个火柴盒大小，重量仅 18 克，具有很高的灵敏度，能接收近千米外发射来的无线电信号。接收机一般都要与发射机配套使用，通常使用 6 伏直流电源（4 节 5 号电池）。

3. 伺服舵机和电子变速器：伺服舵机的作用是把接收机收到的电信号转换成相应的机械动作，借此完成方向和速度的控制。伺服舵机根据不同用途又可分为普通舵机、强力舵机和微型舵机。普通舵机能满足一般使用要求；强力舵机通常被用在较大的模型或受力较大的控制机构上（如越野车的转向机构）；微型舵机则常

航空模型的今天与明天

被用于尺寸和受力都比较小的模型车上。电子变速器使用在电动模型车上，是一种专门调速用的伺服装置，与普通的机械式调速器相比，有体积小、寿命长、效率高、输出功率大的优点。一些高级的电子变速器还运用了数码技术，采用高频操作，有多种程式刹车、温控自动保护以及自动断电等功能。

5. 什么是舵机？

任何遥控模型都离不开舵机。它是应用最多最重要的最终执行操控者指令的执行者。它一般是一个小（黑）盒子，盒子两边有安装孔，有个输出转轴，可以安装一个圆形（十字或一字形）力臂，还有一条和电子调速器一样的 3 芯信号连接线，连接于接收机上相应的通道接口。当发射机的遥控杆被推动时，舵机的转轴连动力臂一起转动一定的角度，角度大小取决于遥控杆被推动的幅度。将电信号转化为机械力，驱动飞机的各个舵面。

两种舵机

6. 有刷电机与无刷电机有什么区别?

电动机有有刷和无刷之分。有刷电动机的 2 个刷（铜刷或者碳刷）是通过绝缘座固定在电动机后盖上直接将电源的正负极引入到转子的换相器上，而换相器连通了转子上的线圈，3 个线圈极性不断的交替变换与外壳上固定的 2 块磁铁形成作用力而转动起来。由于换相器与转子固定在一起，而刷与外壳（定子）固定在一起，电动机转动时刷与换相器不断地发生摩擦产生大量的阻力与热量。所以有刷电机的效率低下损耗非常大。但是，它同样具有制造简单、成本及其低廉的优点，被普遍的应用在如 Lama 和 Cupid 上，发挥着良好的表现!

无刷电机顾名思义就是没有任何刷! 它的空载阻力主要来自转子与定子的旋转接触点，所以一般的无刷电机在转子两端都使用了滚珠轴承来减小摩擦! 这样就不会有大量的摩擦阻力与热量（其实还是会发热，只是热源来自于线圈上的电阻损耗），具有极高（80% ～ 90%）的效率与高转速! 一般应用在需要大功率输出的模型上，提供卓越的强劲动力如 Align Trex 和黑鹰 3D 直升机!

虽然有人称其为"直流无刷电动机"，但事实上模型上使用的无刷电机就是 3 相交流电动机! 那为什么可以用普通的直流电源来驱动它呢? 奥秘就在于使用的无刷电子调速器，它与普通的有刷电子调速器有很大不同!

7. 初学者如何选购模型飞机?

初学者应选购安定性好，速度慢，易操纵的飞机。一般可选择上单翼机。选择时应注意：

1. 飞机尺寸不能太大也不能太小，一定要适中。翼展一般选择在1200～1260 毫米左右比较合适，太大或太小对横侧安定性都有影响，主翼面大约在 25 平方分米左右为好。

2. 在发动机方面，一般选用 20 级的飞机模型比较好。模型飞机的大小级别一般按照发动机工作容积的大小来区分。20 级飞机模型有一定的剩余马力，外形尺寸也适合，安定性好，有一定的抗风能力，模型飞起来感觉比较轻松。25 级的马力更充足，适合技术稍微熟练的人使用。15 级的飞机过小，拉力较小，安定性也相对差一些，飞起来比较吃力，不适合刚入门的爱好者使用。而超过 25 级的以上的飞机过大，虽然各方面性能好一些，但会增加初学者的紧张情绪以致出现技术失误，因此也不宜作为入门选择的机型。

3. 重量轻，一般情况下除去发动机及遥控设备后，空机重量（含零件和起落架等）不应超过 600 克，全机最大飞行重量不应超过 1350 克。如果重量过大，拉力不够，翼载荷偏高，飞起来吃力，停车下沉较快。

4. 结构合理，强度要高。由于在飞行中，模型飞机受力很大，如果强度不够，很容易发生解体或结构损坏等问题，从而出现危险事故。因此，在挑选模型飞机时，一定要握住机翼或机身两头以相反方向稍

稍用力拧一拧扳一扳，如果没有变形说明强度最好。另外，尽管可能没有什么经验，也要凭自己的客观分析，查看一下机体内部的结构是否设计合理，是否做工精细。好的模型飞机的结构应做到尽量减轻结构重量面又要有足够的强度，在一些振动强烈受力大的地方，一定要有加强措施使其非常牢固，如机身加强板、翼根、翼梁等。模型飞机的做工精细与否也是一个很重要的因素，粗糙的制作工艺会直接影响模型飞机的强度。成品机中，机翼制作主要采用两种方法，一种是全木架式传统结构，它重量轻，但损坏后修补困难；另一种是采用泡沫塑料为内芯，在外部包上木片的结构方式。这种方式强度很高，经得住一般的碰撞，但重量要大得多，所以如果在能保证重量的情况下，初学者应选择后者的这种生存能力高的机翼套件。

5．机翼的翼型最好选择平凸型，这种翼型的机翼在飞行时升力大而速度相对较慢，滑翔性能好，适合初学者入门练习使用。

6．选择机翼的形式，大上反角的机翼比小上反角的机翼横向安定性更好，比较适合初学者使用。现在的练习机，其机翼分为有副翼和无副翼两种，前者一般采用大上反角，用方向舵转弯，安定性最好，最容易被初学者接受。但不能做什么特技动作，涉及更新换代的问题。而后者多采用小上反角的机翼，操纵灵活，又能作出一些动作，而且原理也和真飞机相同，操纵起来更有乐趣。不过对于初学者来说，第一次就用这样的飞机来飞行会感到较困难，所以要根据个人喜好作出选择。

8. 为什么直升机不叫"直升飞机"

不可否认，直升机和飞机有些共同点。比如，都是飞行在大气层中，都重于空气，都是利用空气动力的飞行器。但相较于飞机，直升机有诸多独有特性。

首先，直升机的飞行原理和结构，与飞机有很大不同。飞机靠它的固定机翼产生升力，而直升机是靠它头上的桨叶（旋翼）旋转产生升力。从结构上来看，直升机主要由旋翼、机身、发动机、起落装置和操纵机构等部分组成。根据旋翼副数，分为单旋翼式、双旋翼式和多旋翼式。单旋翼式直升机尾部还装有抗扭螺旋桨，用以平衡单旋翼产生的反作用力矩和控制直升机的转弯。直升机最显眼的地方是头上窄长的大刀式的旋翼，一般由 2 ~ 5 片桨叶组成一副，由 1 ~ 2 台发动机带动，看起来很像我国民间的一种玩具——竹蜻蜓。其实正是竹蜻蜓给直升机的发明提供了启示。

其次，直升机成长经历及子孙后代与飞机不同。直升机发明之初一度被冷落，其实际使用和成批投产远远落后于飞机。直到第二次世界大战后直升机才得到发展。尤其是 20 世纪 60 年代以来，直升机的生产和使用规模不断扩大，其性能和使用寿命也有了很大的改进和提高。现在已形成了一个庞大的直升机家族。就拿武装直升机来说吧，已经发展了 3 代，有反坦克、反舰、反潜、火力支援、空战等不同种类。以美国为首的北约和俄罗斯军队的主战直升机都属于第 3 代，主

要有美国的 AH－64A "阿帕奇"、AH－1S "休伊"、RAH－66 "科曼奇"，俄罗斯的米－28 "浩劫"、卡－50 "噱头"，英国的 "战场山猫"，法国的 AS565M "黑豹" 以及德、法联合研制的 PAH－2 "虎"式攻击直升机等。

最后，直升机经常在关键时刻挺身而出，承担其他飞行器包括飞机难以完成的艰巨任务，特别在军事上有广泛的用途。

空中 "奇兵" ——直升机有自己独特的战术性能：机动性强，不受地形条件的限制。使用直升机，可以在短时间内，将部队从一个战场调到另一个战场；也可以使部队迅速地分散或集中，以减小敌人核袭击造成的损失；还可以帮助部队顺利地越过放射性污染区、燃烧地带以及工程障碍等，进行大范围的空中机动。

机降 "先锋" ——在战场上，直升机可以超低空突然出现在敌人的后方，完整而又集中地机降、空降各种部队和武器装备，迅速占领军事要隘，实施突然袭击；还可以从山地和海面营救伤员，直接将伤员送到战地医院进行及时的抢救。

反潜 "健将" ——在未来战争中，潜艇特别是核潜艇极具威胁性，反潜作战将成为战争的重要内容之一。直升机与水面舰艇相比，具有速度快、机动性强、巡视范围广等优势。

如果说飞机是搏击长空雄浑矫健的苍鹰，那么直升机就是纵横天地轻盈灵巧的蜻蜓。正是由于这些理由，对不把直升机列入 "飞机"的行列而让其另立门户，就不难理解了。

9. 模型直升机能飞多高、多远、多快？

由于高度越高，空气密度就越低，所以直升机的飞行高度一般比固定翼飞机要低很多，即使是这样也已经远远大于我们的目视控制距离和遥控距离，所以可以这样来讲飞机的飞行高度与飞行距离是由遥控设备的安全遥控距离和目视距离所决定的。体形较小的飞机一般的飞行高度也可达到 20 米以上（大约 5~6 层楼）。

模型直升机能在空中飞多久主要是由动力系统决定的，如电动直升机使用的电动机功率大小和携带的电池的电压与容量，油动直升机使用的发动机排气量和携带的燃料容积。一般电动直升机第一次充电后和油动直升机加油后的留空时间约在 10~20 分钟。其一是能源重量的限制，其二也是考虑到避免操控者长时间精神高度集中的过度疲劳而造成操控失误。

能飞多远，就看遥控器了，通常遥控器在无干扰的情况下遥控范围是 1500 米，但说实话，飞机飞到离我们 300 米时就已经很小了，别太相信自己的眼睛，真要飞得连自己都看不清了，那还有啥意思？

速度方面，每小时飞 80 公里是可以保证的，直升机这东西，你一推油门，200 米的距离，几秒钟就过去了，你要时想慢飞，那就随你心情了，别忘了直升机的最大特点就是旋停，天上找个点就能定住，一点点往前飞，要是你不想往前飞，N 个小时也飞不到。

10. 为何直升机没有想象的那么好飞?

主要是由于两大原因造成的:

1. 直升机的自稳定性是不能与固定翼飞机相比的。除了共轴双桨结构的直升机之外,还没有任何一款直升机可以做到不控制状态下较长时间稳定的飘浮在空中（一般在 10～20 秒之内就会失去平衡而坠地),所以必须时刻保持精神高度集中的控制!

2. 由于初学者在一开始还未在大脑中形成对控制方向的条件反射,所以往往在飞机处于某种飞行姿态下,通过发射机给予飞机错误的动作指令,有时甚至是大脑一片空白,而飞机却不能给操控者足够的时间去更正,而造成坠地! 只要不断的正确练习后就可以操控自如了! 在初期也可以借助电脑模拟器来完成练习。

11. 选购模型直升机应注意的问题?

新手们一般对遥控直升机了解不深,被广告误导,常常问的是"价格"、"到手即飞"、"一步到位"、"抗风性"、"3D 性能",这不是下面讨论的重点。其实这些初学者们关心的方面都没有对准真正的目标,所以不少新手不是惊呼上当,上了贼船,就是被巨大的技术障碍彻底打消了信心和兴趣,耗费了巨额资金后不但没有体会到飞行的乐趣,反而开始怀疑自己的能力。

遥控直升机的初次购入的价格因素不要考虑太多，主要原因有二。首先，遥控飞机的飞行是非常"烧钱"的，购机费用与使用费用比起来是零头的零头，略为夸张地说，购机费只是全部费用的0.1%。其次，入手时便宜了一点点但性能差不少的飞机只会让你"炸"得更多更惨更危险，所以一定不要计较一时的得失。性能差，调试就要求高，性能差的飞机即使是高手也调不出好飞机的高性能。一个新手本来就没有飞行技术，却飞一架连高手都不容易控制的飞机，"秒炸"可能是必然结果。

那么新手选机要考虑哪些因素？一是选取性能稳定、口碑好的机型，不宜太大，也不宜过小。大了危险大，小了不好飞（越小越不好飞）。二是选取通用机型，不但有原厂配件，更有丰富的副厂配件。

在选购电动3D直升机方面，建议：一要量力而出，先计划出多少钱购买，然后再在这个范围内出钱购买，目前多少钱价位的都有。二要看遥控范围，当然是钱越少范围越大越好。三是看结构，3D直升机一般都是梁式结构，不排除有行架式，不过对于模型梁式足够了。四是看发动机，比较多的是电机和单缸活塞的，小型机的用电机，注意电池容量；稍大的用活塞的，要看使用寿命了。有一种涡轮机比较昂贵，用航空煤油的，似乎比一般小汽车还贵。五是看发动机转速，这个一般对整机寿命影响不大，主要看生产厂家工艺如何了，一般国内的寿命比较短。

一些初学者认为自己只是想体验一个飞行，不太相信自己会一直飞下去。对于这类初学者，共轴双桨直升机是最佳选择。

在真正面对商家时，还有三点需要提醒：

首先，购买前要对销售商的身份进行确认，如果是网络销售，必须要查明该公司是否在工商红盾 315 注册认定，即该网站下面是否有工商标志；如果是企业构买，要注意销售商是否有企业账户，真伪先不说，就是钱汇去后，开不了发票就让人头痛的。

其次，千万不能盲目的购买，最重要的是配件的价格和供应是否存在问题。飞直升机没摔过是不可能的。很多朋友买过日本的某些飞机，一副尾旋翼配件就上百元，即使价格不计，有很多配件弄不好还要从日本邮购，一来二去就是半个月过去了。所以，充足低廉的配件供给也必须要考虑。

最后，要看电子设备是否是水货。产品是否从正规途径进口，是否贴有包修贴，一定要看准。商家在推荐时可能会打"外国商品"不轻易坏的马虎眼，这时一定要明断是非。虽说是百里挑一，但一旦有问题的产品被赶上了，那就会有很多麻烦，因为没有贴纸，就是花钱想修，国内的代理也不会接单的。再者，水货和行货价格差不多，没必要冒那风险。

航空模型的今天与明天

12. 可以自制模型火箭燃料吗？

1. 大部分廉价航空模型火箭用的都是黑火药，简单廉价，也没有什么可以被恐怖分子利用的危险。好点的，用高氯酸铵、偏二甲肼等火箭燃料，当然还有更复杂的组分，甚至有用液体燃料的，这些都是发烧级的了。

2. 只是玩玩，黑火药就可以了，其他的太复杂，没有学过、没有装备的很难控制。

3. 二踢脚的火药也是可以的，不过二踢脚的火药属于黑火药中的爆炸药，燃速比较快，容易爆炸，要制成粉状，充实压紧，控制好燃烧面才能保证安全。但黑火药推力很小，只能做小火箭。

黑火药虽然威力不大，但操作黑火药也必须十分小心，因其很容易发生爆炸。

13. 玩航模有危险吗？

玩航模虽然很有刺激性，但同时提醒新手应注意安全。飞航模就必须有专业教练指导，飞行时要注意避开高压线，飞行必须保持净空环境。另外，航模发动机转速通常都是每秒几千数万转，因此高速运转的发动机叶片具有危险性，可能会对人体造成伤害，因此需要玩家随时保持警惕性。

14. 用笔记本电脑控制航模？

用电脑控制不容易，首先要明白航模工作的原理。

航模一般都是这样的（不是控制几个电机的问题）：1. 拥有发射系统（也就是所说的遥控器）；2. 拥有接收系统（也就是控制器）；3. 拥有发动机，给航模提供动力（电机分为有刷和无刷，建议用无刷的）；4. 伺服器（也叫舵机）是用来控制航模姿态和飞行方向的；5. 要是飞机的话，还得买陀螺仪、电子调速器等（初级的航模的陀螺仪和控制器是一体的）；6. 和空气或水接触的部分，也就是旋翼或船的旋桨。

要用电脑控制先得有航模，航模自己做也行，买也行，像买电脑一样，自己配置组装也可以，去专业的模型店请教，买空机再配件就可以。

用电脑控制则要求把发射机（遥控设备，信号发射集成电路）和电脑连接，电脑把指令通过数据线传输到发射机上，然后发射机发射无线电给航模，航模作出动作。这是很高的技术，美国的捕食者和鹰眼无人侦察机就是这样工作的。

15. 如何成为一个优秀的航模爱好者

1. 多读关于航空知识的书籍杂志（如《航空知识》杂志等）。博

览群书，积累航空方面知识。

2. 学好物理课，特别是力学、流体力学、空气动力学、发动机原理、电学、无线电遥控等等，要打下坚实的理论基础，才有发展后劲。

3. 要有动手能力。要实际动手制作，哪怕从最简单的"竹蜻蜓"做起，到电路的焊接、调试。要锻炼自己，有较强的动手能力。

4. 充分利用网络，与志同道合的朋友切磋，参加论坛的交流讨论。积极参加当地的航模活动。

5. 最后祝你早日成为优秀的航模爱好者。

附　　录

1. 航空航天模型的分类与分级（普及级）

大　类	子　类	小　类
一、自由飞模型飞机类（P1 类）		
	P1A 牵引模型滑翔机	P1A－1、PLA－2
	P1B 橡皮筋模型机	P1B－0、P1B－1、P1B－2
	P1C 活塞式发动机模型滑翔机	P1C－1、P1C－2
	P1D 室内模型飞机	P1D－0、P1D－1、P1D－2
	P1E 电动模型飞机	P1E－1、PIE－2
	P1F 橡皮筋模型直升机	P1F－1、P1F－2
	P1Q 二氧化碳气体动力模型飞机	
	P1R 软弹射模型滑翔机	
	P1S 手掷模型滑翔机	P1S－0、P1S－1、P1S－2
	P1T 弹射模型滑翔机	P1T－1、P1T－2
	P1Y 橡皮筋伞翼模型飞机	
二、线操纵模型飞机类（P2 类）		
	P2A 线操纵竞速模型飞机	P2A－1、P2A－2
	P2B 线操纵特技模型飞机	P2B－0、P2B－1、P2B－2、P2B－3
	P2C 线操纵小组竞速模型飞机	

航模也精彩

HangMo Ye Jing Cai

航空模型的今天与明天

（续表）

P2D 线操纵空战模型飞机	
P2E 线操纵电动特技模型飞机	P2E－0、P2E－1
P2S 线操纵甩动特技模型飞机	
P2W 线操纵风动特技伞翼机	P2W－1、P2W－2
P2X 线操纵橡皮筋模型飞机	

三、无线电遥控模型飞机类（P3 类）

P3A 无线电遥控特技模型飞机	P3A－1、P3A－2、P3A－3
P3B 无线电遥控牵引模型滑翔机	P3B－1、P3B－2、P3B－3
P3C 无线电遥控模型直升机	P3C－1、P3C－2、P3C－3
P3E 无线电遥控电动模型飞机	
P3F 无线电遥控山坡模型滑翔机	
P3K 无线电遥控空投模型飞机	
P3S 无线电遥控特定模型飞机	
P3T 无线电遥控弹射模型滑翔机	

四、像真模型飞机类（P4 类）

P4A 自由飞行像真模型飞机	P4A－1、P4A－2
P4B 线操纵像真模型飞机	P4B－1、P4B－2
P4C 无线电遥控像真模型飞机	P4C－1、P4C－2

五、无线电遥控电动模型飞机类（P5 类）

P5A 无线电遥控电动特技模型飞机	P5A－1、P5A－2
P5B 无线电遥控电动模型滑翔机	PSB－1、P5B－2、P5B－3
P5C 无线电遥控电动模型直升机	P5C－1、P5C－2
P5D 无线电遥控电动绕标竞速模型飞机	P5D－1、PSD－2

六、外观像真航空航天模型类（P6 类）

七、指定模型飞机类（P7 类）

八、非常规模型飞机类（P8 类）

九、航天模型类（S类）	
S1 高度模型火箭	S1A、S1B
S2 载荷模型火箭	S2A、S2B
S3 伞降模型火箭	S3A、S3B
S4 火箭推进模型滑翔机	S4A、S4B
S5 像真高度模型火箭	S5A、S5B
S6 带降模型火箭	S6A
S7 像真模型火箭	
S8 遥控火箭推进模型滑翔机	S8D、S8E
S9 自转旋翼模型火箭	S9A、S9B
S10 柔性翼模型飞机	S10A、S10B

2. 航模竞赛的基本形式

自由飞行类

模型种类：飞机、滑翔机、直升机、伞翼飞机

动力形式：弹射、手掷、牵引线、橡皮筋、活塞发动机、电动机、

二氧化碳气体

比赛场地：室内或室外开阔场地

比赛科目：留空时间、飞行距离、飞行高度、直线速度

线操纵类

动力形式：活塞发动机（电热式、压燃式）、脉动喷气发动机、

电动机等

控制方式：双线或多线操纵

比赛场地：圆形飞行场地（直径 60 米、沥青或水泥地面），空战

项目为草皮场地

比赛科目：竞速、特技、小组竞速、空战、电动特技、甩动特技、风动特技

特技动作：包括平飞、爬升、俯冲、着陆、内外筋斗、倒飞、横竖"8"字等

无线电遥控类

模型种类：飞机、滑翔机、直升机

动力形式：电动机、活塞发动机、汽油发动机、涡轮喷气发动机等

控制方式：无线电遥控

比赛场地：起降跑道一般为 150 米×20 米沥青跑面

比赛科目：特级飞行、留空时间、封闭距离、封闭速度、绕标竞速、定点空投等

特技动作：规定动作与自选动作

像真模型类

技术要求：按成功飞行过的航空器缩小比例制作（包括几何尺寸，外表涂装）

动力形式：活塞发动机、涡喷发动机等

控制方式：线操纵、无线电遥控

场地要求：线操纵为 60 米圆形平整地面，遥控为 150 米×20 米沥青或水泥跑道，涡喷发动机为 250 米×20 米跑道

比赛方法：模型仿真度评分与飞行仿真评分

电动类

模型种类：飞机、滑翔机、直升机

动力形式：电动机（动力电源 <42 伏）

控制方式：无线电遥控

比赛场地：150 米 ×20 米沥青或水泥跑道、开阔地面

比赛科目：特技动作、留空时间、封闭距离、封闭速度、绕标竞速等

3. 航空航天模型项目运动员技术等级标准

国际级运动健将

凡符合下列条件之一者，可申请授予"国际级运动健将"称号：

1. 世界锦标赛个人前 8 名，单项团体前 6 名；

2. 世界杯赛个人前 6 名；

3. 创造世界纪录并为国际航联承认者。

凡申请"运动健将"以下称号者，参赛的项目必须与技术等级成绩标准中所列项目相符。

运动健将

凡符合下列条件之一者，可申请授予"运动健将"称号（申请时必须呈交一篇与其称号相称的本项目的技术论文）：

航空模型的今天与明天

1. 世界锦标赛个人 9～12 名；

2. 世界杯赛个人 7～10 名；

3. 世界青年锦标赛个人前 6 名；

4. 亚洲锦标赛个人前 3 名，单项团体前 3 名；

5. 创造一项全国纪录并为国家体育总局承认者；

6. 在全国比赛中获得个人前 3 名并达到运动健将成绩标准者。

一级运动员

凡符合下列条件之一者，可申请授予"一级运动员"称号：

1. 在全国比赛中获得个人前 3 名并达到一级运动员成绩标准；

2. 在全国青少年比赛中获个人第 1 名并达到一级运动员成绩标准。

二级运动员

凡符合下列条件之一者，可申请授予"二级运动员"称号：

1. 在全国青少年比赛中获个人前 3 名并达到二级运动员成绩标准；

2. 在省级比赛中获个人前 3 名并达到二级运动员成绩标准。

三级运动员

凡符合下列条件之一者，可申请授予"三级运动员"称号：

1. 在全国青少年比赛中获个人 4～6 名并达到三级运动员成绩标准；

2. 在省级比赛中获个人前 3 名并达到三级运动员成绩标准；

3. 在地市级比赛中获个人冠军并达到三级运动员成绩标准。

项目		运动健将	一级运动员	二级运动员	三级运动员	备 注
		必须有1名以上国家级裁判员参加裁判	必须有2名以上一级裁判员参加裁判	必须有1名以上一级裁判员参加裁判	必须有2名以上二级裁判员参加裁判	
牵引模型滑翔机	P1A-2		360	330	300	3 轮成绩之和
	F1A	1260+240	1260	1100	900	7 轮成绩之和与决赛成绩
橡皮筋模型飞机	P1B-2		360	330	300	3 轮成绩之和
	F1B	1290+240	1290	1100	900	7 轮成绩之和与决赛成绩
自由飞模型飞机	P1C-2		360	330	300	3 轮成绩之和
	F1C	1320+240	1320	1100	900	7 轮成绩之和与决赛成绩
室内模型飞机	P1D-2		720	600	480	2 轮中最高 1 轮成绩
	F1D（A）	2400	1800	1440	1080	2 轮成绩之和
	F1D（B）	3000	2400	2040	1560	2 轮成绩之和
	F1D（C）	3600	2880	2520	1920	2 轮成绩之和
	F1D（D）	4800	3960	3360	2640	2 轮成绩之和
竞速模型飞机	F2A	285km/h	275km/h	265km/h	255km/h	1 轮最高成绩
特技模型飞机	P2B-2			65%	55%	2 轮成绩之和，按满分的百分比计算
	F2B-40	5730	5550	5000	4500	2 轮3 名裁判成绩之和，每轮满分 1310 分
	F2B	5730	5550	5000	4500	2 轮3 名裁判成绩之和，每轮满分 1310 分

（自由飞类；线操纵类）

— 191 —

航空模型的今天与明天

（续表）

		210	225	260	300	
小组竞速飞机	F2C	210	225	260	300	1 轮最高成绩（100 圈）
空战模型飞机	P2D－2		全国青少年比赛冠军	全国青少年比赛第二、三名；省级比赛冠军	全国青少年比赛第四－六名，省级比赛二、三名。	
	F2D	全国锦标赛冠军	全国锦标赛第 2 名	全国锦标赛第 3 名	全国锦标赛 4－6 名	
电动线操纵	P2E－0				55%	
特技模型飞机	P2E－1			65%	55%	
特技模型飞机	P3A－2			65%	55%	2 轮成绩之和，按满分的百分比计算
	P3A－3		75%	65%	55%	2 轮成绩之和，按满分的百分比计算
	F3A	2730	2460	2100	1650	3 轮成绩之和，每轮满分 1000 分
牵引模型滑翔机	P3B－2			1800	1600	2 轮成绩之和，每轮满分 1000 分
	P3B－3		3600	3200	2800	2 轮成绩之和，每轮满分 2000 分
	F3B	10800	10000	9000	6000	4 轮成绩之和，每轮满分 3000 分
模型直升机	P3C－2			65%	55%	2 轮成绩之和，按满分的百分比计算
	P3C－3		75%	65%	55%	2 轮成绩之和，按满分的百分比计算
	F3C	2730	2460	2100	1650	3 轮成绩之和，每轮满分 1000 分
空投模型飞机	P3K	150	140	130	120	2 轮成绩之和
弹射模型滑翔机	P3T	2000	1800	1600	1400	2 轮成绩之和，每轮满分 1000 分

（左侧纵排：无线电遥控类）

花式飞行		全国锦标赛冠军	全国锦标赛第 2 名	全国锦标赛第 3 名	全国锦标赛 4～6 名	
电动特技模型飞机	P5A－1			65%	55%	2 轮成绩之和，按满分的百分比计算
电动特技模型飞机	P5A－2		75%	65%	55%	2 轮成绩之和，按满分的百分比计算
电动模型滑翔机	P5B	2000	1800	1600	1400	2 轮成绩之和，每轮满分 1000 分
火箭类	伞降模型火箭	S3A/2	450＋150	450	420	390	3 轮成绩之和，每轮满分 150 秒
		S3A	900＋360	900	810	720	3 轮成绩之和，每轮满分 300 秒
		S3B	1260	1170	1080	990	3 轮成绩之和，每轮满分 420 秒
	火箭推进模型滑翔机	S4A	450＋150	450	420	390	3 轮成绩之和，每轮满分 150 秒
		S4B	720＋300	720	650	580	3 轮成绩之和，每轮满分 240 秒
	带降模型火箭	S6A	540	450	360	270	3 轮成绩之和，每轮满分 180 秒
		S6B	720	630	540	450	3 轮成绩之和，每轮满分 240 秒
	遥控火箭推进模型滑翔机	S8D		720	650	580	3 轮成绩之和，每轮满分 240 秒
		S8DP	3000	2700	2400	2100	3 轮成绩之和，每轮满分 1000 分
		S8E	1080＋420	1080	970	860	3 轮成绩之和，每轮满分 360 秒
	自旋转翼模型火箭	S9A	540	450	360	270	3 轮成绩之和，每轮满分 180 秒
		S9B	720	630	540	450	3 轮成绩之和，每轮满分 240 秒

航
空
模
型
的
今
天
与
明
天

4. 模型飞行安全指引

一般性提示

1. 初学者应从有经验者那儿了解安全事项和操作说明。一个人自学是十分危险的。

2. 尽可能清理飞行场地。清理飞行场地上的小卵石、玻璃、钉子、金属线及其他废物。

3. 充分注意周边环境：

勿在强风、雨天或夜晚飞行；

勿在通风不畅或建筑物内飞行；

勿在人多的地方飞行；

勿在学校、住宅或医院近旁飞行；

勿在公路铁道或电线近旁飞行；

勿在有可能因其他直升机引起的无线电波频干扰的地方飞行。

4. 列人员不能操控模型飞机：

儿童；

处于月经或怀孕期间的人；

疲倦、生病或醉酒的人；

吸毒或判断能力有障碍的人；

如果你是初学者或是从别人处借的模型飞机，确信你已熟悉此模型飞机，并且在启动前已经了解了安全注意事项。

5. 模型飞机不能用于超出使用范围的其他用途：

模型飞机不得另行改装；

在涉及范围内使用模型飞机；

不得用于航拍或空中喷洒化学药品；

不得利用模型飞机从事违反所在地法规的活动。

6. 着装适当：

请穿长衣长裤；

勿戴项链或其他易缠绕的物品；

长发须系至其肩长；

穿上鞋子保持良好站立；

必要时戴上手套。

7. 不计后果地飞行会导致事故和伤害，请遵循所有规则，安全负责的享受飞行乐趣。

飞行前的模型检查

1. 启动前，检查模型飞机的每个部分。检查确保模型无零件损坏并且工作正常；备件请用正品，否则可能有引发事故或造成伤害的危险。

2. 检查确定没有松动或掉落的螺丝和螺母。检查确定连杆各控制环节没有松旷间隙。

3. 检查确定发动机座上螺丝没有松动。

4. 检查确定桨叶没有损坏或磨损，尤其是靠近大桨夹头处。

航空模型的今天与明天

5. 检查确定桨叶配重已稳定妥协。

6. 检查确定发射机、接收机、启动器和电热塞用电池已充满电。

7. 检查确定油料和油管。油管弯折，油滤堵塞及太久的油料不仅使得发动机难以启动，而且在飞行中会引发发动机熄火，导致坠机。

8. 检查电热塞。旧的电热塞不仅使发动机难以启动，而且在飞行中同样会引发发动机熄火，导致坠机

9. 检查遥控器的有效控制距离。

10. 检查确定所有的舵机动作滑顺。舵机动作有误和故障会导致失控，这是十分危险的。

11. 检查确定陀螺仪工作是否正常，特别要检查陀螺仪工作时的方向。

12. 检查确定尾桨驱动皮带以调整适度。

13. 检查确定机体已适当润滑过。

14. 启动前，检视用于组装或维修模型的工具如螺丝刀、扳手及其他工具是否已经准备好。

飞行中的注意事项

1. 保持良好地姿势，不要坐或躺在地上操控，在斜坡上容易摔倒，请小心。

2. 在以下情况下请关闭发动机：

调整机体或遥控器；

当机体需要维修或有异常抖动时；

处于其他有潜在危险地情形时。

3. 启动发动机时请遵循以下原则：

确定此区域内无其他人或障碍物；

牢牢抓住机体；

确定遥控器和化油器油门位置处于低位。

4. 要将手或其他物品离开旋转的零件以免受伤。

5. 调整发动机时，抓牢旋翼头防止其转动。同时，小心避开排出的废气。

6. 启动后及刚关掉发动机不要马上触摸机体以免烫伤。

7. 以自由和有礼貌的方式飞行；

长时间飞行引起的疲劳会导致判断力下降及意外事故，时常做充分的休息；

操控时与直升机保持足够的安全距离；

请在自己的能力范围内操控直升机，不合理的动作会引起事故和伤害。

5. 模型火箭安全准则

1. 材料——模型火箭应使用纸张、木材、橡胶、塑料等能满足模型火箭性能和所用动力要求的轻质材料来制作。模型火箭的头锥、箭体筒段和尾翼上不应使用任何金属材料。

2. 发动机——只能使用由现行生产厂推荐的得到有关政府部门认

航空模型的今天与明天

可的商品化模型火箭发动机。任何情况下都不能改变模型火箭发动机的组成或成分。

3. 回收——模型火箭常使用回收装置回收。它能使模型火箭安全地返回地面以便重新飞行。如果需要，应使用耐火的软填料（包裹或阻隔回收装置）。

4. 质量和动力限制——模型火箭的起飞质量不应超过 500 克。模型火箭发动机产生的总冲不应超过 100 牛·秒。对于所使用的发动机，模型火箭的质量应不超过发动机生产厂所推荐的最大起飞质量，或者说，模型火箭只应使用生产厂所推荐的发动机。

5. 稳定性——在首飞以前应检查模型火箭的稳定性，除非发射以前已经验证了它的稳定性。

6. 有效载荷——除昆虫外，模型火箭绝对不能搭载任何活的动物或者易燃、易爆和有害的载荷。

7. 发射场地——应在户外的清洁地方发射模型火箭，并且远离大树、电线、建筑物、干燥的灌木林和草地。发射场地至少要同"模型火箭安全发射标准"表中所推荐的场地一样大。

8. 发射架——模型火箭应从具有刚性导向的牢固发射装置上发射，以使模型火箭达到足以保证其安全飞行的速度。为防止意外伤害眼睛，应将发射架放置于导向杆（发射杆）末端高过眼睛的地方，或者在接近导向杆的时候给它的顶端加红色标记。当不用的时候应将导向杆拆下放置，决不应垂直存放导向杆。发射架应具有火焰反射器（导流盘），以防止发动机的尾气直接冲刷地面。发射装置周围的干

草、杂物和其他易燃物质要清理干净。

9. 点火控制装置——模型火箭的点火控制装置采用远距离操作。它应包含一个发射按钮，当按钮释放时处于"关"的位置。它还应有一个和发射按钮配合使用的安全键。当总冲小于或等于 30 牛·秒的模型火箭发动机点火时，所有人员至少要在 5 米以外；当总冲超过 30 牛·秒时，所有人员至少要在 9 米以外。应该只使用由发动机生产厂推荐的电点火器（电点火头），它可在发射按钮按下后 1 秒以内使模型火箭发动机点火。

10. 发射安全性——应保证发射区内的人员都了解模型火箭的发射过程，并且在开始发出 5 秒钟倒计时以前都能够看到模型火箭起飞的地点。禁止把模型火箭作为一个武器来发射。如果模型火箭误点火，任何人不应接近它和发射架，直到确信安全键已经移开或者电池已经与点火控制装置断开。在误点火 1 分钟后才允许接近发射架。

11. 飞行条件——只有当风速小于 35 千米/时才可发射模型火箭。不应把模型火箭发射入云层、接近飞行的飞行器，或者对人员和财产造成危害。

12. 发射前试验——在进行验证模型火箭的设计或使用方法的研究工作时，如果可能，应通过发射前试验来确定模型火箭的可靠性。在进行未经验证的（设计）模型火箭发射时，绝对不应让那些没有参加过实际发射的人员参加。

13. 发射角——发射装置的朝向应在与垂直线成 30 度的半倒锥角的范围之内（或与地面呈 60 度的锥面内）变化。绝对不应使用模型

火箭发动机去水平推动任何装置。

14. 回收危险性——如果模型火箭缠绕在电线上或者别的一些危险的地方，就不应试图去回收。

模型火箭安全发射标准

总冲（牛·秒）	发动机型号（类别）	最小发射场地（平方米）
0.00～1.25	1/2A	15
1.26～2.50	A	30
2.51～5.00	B	60
5.01～10.00	C	120
10.01～20.00	D	150
20.01～40.00	E	300
40.01～80.00	F	300